NOTES ET ÉCLAIRCISSEMENTS

SUR

L'HISTOIRE GÉNÉRALE

DES PAYS-BAS

ET SUR

L'HISTOIRE DE VALENCIENNES

AU XVIᵉ SIÈCLE

Par Charles PAILLARD

LAURÉAT DE L'INSTITUT
MEMBRE CORRESPONDANT DE LA SOCIÉTÉ D'AGRICULTURE, SCIENCES
ET ARTS DE VALENCIENNES

VALENCIENNES

IMPRIMERIE Vᵛᵉ EDMON PRIGNET, LIBRAIRE-ÉDITEUR
11, rue de Mons, 11

1879

NOTES ET ÉCLAIRCISSEMENTS

SUR

L'HISTOIRE GÉNÉRALE DES PAYS-BAS

ET SUR

L'HISTOIRE DE VALENCIENNES

AU XVIe SIÈCLE

NOTES ET ÉCLAIRCISSEMENTS

SUR

L'HISTOIRE GÉNÉRALE

DES PAYS-BAS

ET SUR

L'HISTOIRE DE VALENCIENNES

AU XVIe SIÈCLE

Par Charles PAILLARD

LAURÉAT DE L'INSTITUT
MEMBRE CORRESPONDANT DE LA SOCIÉTÉ D'AGRICULTURE, SCIENCES
ET ARTS DE VALENCIENNES

———

VALENCIENNES

IMPRIMERIE Vve EDMON PRIGNET, LIBRAIRE-ÉDITEUR
11, rue de Mons, 11
—
1879

PRÉFACE

Dans mon ouvrage intitulé : *Histoire des Troubles religieux de Valenciennes*, j'ai donné la série des documents inédits concernant le sujet et datés de 1561 au 1er juillet 1566.

La Société d'Agriculture, Sciences et Arts de Valenciennes a continué cette publication. Les tomes V et VI de ses *Mémoires* contiennent la suite des pièces, de juillet à décembre 1566.

Ces documents ont été déjà employés ou consultés tant en France qu'à l'Étranger, et nous n'avons qu'à nous féliciter, la Société et moi, de l'accueil qui nous a été fait.

Nous désirerions donc vivement continuer notre œuvre. Malheureusement, en pareille matière, la bonne volonté, le zèle pour l'avancement de la science historique ne suffisent pas. La Société valenciennoise ne publie, comme le font généralement les Sociétés de province, qu'un volume par an. Voulant donner au public savant une idée de ce que pourrait être une telle publication, elle a édité en 1878 deux volumes de *Mémoires* et accompli en un an l'œuvre des années 1878 et 1879. Elle est maintenant dans la nécessité d'attendre la création de nouvelles ressources.

Lorsqu'une entreprise de ce genre est suspendue, on n'est jamais certain qu'elle reprendra son cours. Les difficultés, les impossibilités même peuvent surgir soit du côté de l'auteur, soit du côté de la Société. J'ai pensé dès lors qu'il y avait intérêt à ne pas laisser enfouies les informations assez nombreuses qui se dégagent des pièces non encore connues et présentent par conséquent quelque nouveauté. J'ai donc rédigé une certaine quantité de notes sur la période la plus orageuse de notre histoire locale et les ai rassemblées dans la seconde partie de la présente étude.

Tel a été le but que je me suis proposé en premier lieu.

J'ai voulu aussi répondre aux objections présentées par M. Emile Carlier dans son livre intitulé : *Valenciennes et le roi d'Espagne au* XVIe *siècle*. Je les ai examinées avec toute l'attention que méritent le talent et la science de l'auteur et je n'ai rien négligé pour atteindre à des démonstrations aussi complètes que possible. Ainsi, à propos d'une citation d'un historien allemand concernant Guillaume de Nassau, je me suis imposé la tâche de décrire toute la carrière du prince d'Orange, véritable grand homme (et par là j'entends dire qu'il appartient comme Washington à la race des grands hommes *utiles à l'humanité)* (1). J'ai relu Motley, Meteren, Dujardin et Sellius, etc. Dans d'autres chapitres (2), j'ai recouru principalement aux documents originaux et, pour cela, j'ai dû multiplier mes explorations à Bruxelles. Mes opinions sont-elles changées ? J'ai pu sur plusieurs points admettre des atténuations, modifier des jugements, comme dans le chapitre relatif aux Herlin, mais les parties essentielles subsistent et, je dois l'avouer, les considérations nouvelles sont presque aussi conjecturales que celles qui les avaient précédées (3).

(1) Chapitres **VII** et **VIII**.

(2) Notamment les chapitres **XI, XVI, XVIII** de la première partie et toute la deuxième partie.

(3) C'est ce qui doit arriver, toutes les fois qu'un personnage qu'il s'agit de juger n'a rien laissé après lui.

Si j'entre dans ces détails, c'est pour expliquer au public et à mes contradicteurs eux-mêmes que j'ai la ferme résolution de ne plus rien écrire sur l'histoire de Valenciennes. Je pourrai encore, si les moyens m'en sont fournis, publier la suite des documents, en l'absence desquels il sera toujours impossible d'écrire une histoire *définitive* de Valenciennes au XVIe siècle, mais je laisserai à d'autres le soin de les employer.

Depuis quelques années, en effet, mes études se sont élargies. Je n'ai pas cessé de m'occuper du XVIe siècle, mais je m'en occupe à un point de vue plus général et plus français. Je voudrais surtout offrir au Ministère de l'instruction publique et au comité des Sociétés savantes une collection de pièces copiées dans les archives étrangères et intéressant cependant la France à un haut degré. Déjà, cette année, j'aurais pu commencer mes communications, si la présente étude ne fût venue absorber plusieurs mois de mon temps. Il serait, à mon avis, fâcheux que le fait se reproduisît. Aussi déclaré-je que je ne répliquerai plus aux contradicteurs qui pourraient surgir.

CHAPITRE PREMIER

§ I

DATE DES PREMIERS PROCÈS DE RELIGION
A VALENCIENNES

M. Carlier rappelle (page 17) l'exécution de Maillotin, brûlé vif en 1534, sur le marché de Valenciennes, pour cause d'hérésie luthérienne. Ce sectaire est celui que d'Oultreman présente comme le « protomartyr » de notre ville.

Cette qualification n'est pas exacte, car déjà M. Louis Cellier, en compulsant les mémoires manuscrits de Jean de Sainte-Barbe, aliàs Duchateau, procureur des Carmes de Valenciennes (1), en avait extrait le passage suivant :

« En 1531, la nuit de St Jean-Baptiste, Joosse, tellier
« (tisserand) de toille, fut trenchée la teste devant disner et
« Robert, mulquenier, fut bruslé vif, pour cause qu'il tenoit
« l'hérésie de Luther et s'y portoit sans fin ».

(1) Bibliothèque municipale de Valenciennes.

Depuis, j'ai découvert, en explorant les riches archives de Mons, si bien rangées et coordonnées par le savant et obligeant Léopold Devillers, que les poursuites religieuses remontaient chez nous tout au moins à l'année 1527. J'ai publié dans le *Bulletin de la Société d'histoire du protestantisme français* deux documents qui le prouvent ; l'un est une lettre du seigneur de Frézin, chevalier de l'Ordre et grand bailli de Hainaut, en date, à Mons, du 9 novembre 1527, adressée au protonotaire d'Estrées, inquisiteur de la foi, résidant ou envoyé en mission à Valenciennes ; l'autre est un récépissé ainsi conçu :

« Recheupt par moy, Pierre Rogghen, auditeur de la
« court de Cambray, de honorable Seigneur Monseigneur
« maistre Jehan le Compte, conseiller de la cour de Mons,
« pour copie de chincq sentences pronuntiéz par Monsieur
« l'official de Cambray à Vallenciennes, en matière de héré-
« sie, pour chascun huyt pathars, font ensemble quarante
« pathars ; tesmoing mon signe manuel cy mis.
« An xvᶜ xxvii, le xixᵉ de novembre. — Rogghen ».
(Archives de l'Etat, à Mons. — Registre 91, fᵒ 2.)

§ II

CHANGEMENT DES TRADITIONS GOUVERNEMENTALES
SOUS PHILIPPE II

M. Carlier (p. 37) déclare qu'il ne peut adopter l'opinion émise par moi relativement aux procédés de gouvernement, qu'aurait dù employer Philippe II pour conserver ses provinces de pardeçà. En effet, après avoir dit qu'à la fin du règne de Charles-Quint, la monarchie espagnole « avait l'apparence plutôt que la réalité, le brillant plutôt

« que la force », j'ai ajouté que Philippe II aurait pu
conserver ses provinces de pardeçà, rien « qu'en conti-
« nuant les traditions de son père ». M. Carlier croit voir,
dans le rapprochement de ces assertions, une sorte de
contradiction.

Je maintiens mon opinion plus fermement que jamais
et j'entre dans quelques explications, car dans mon
étude intitulée : *Considérations sur les causes des troubles
des Pays-Bas,* je ne pouvais aborder les détails.

J'ai dit dans cette étude, et M. Carlier a pleinement
adopté mon avis, que Philippe II avait peu innové en
matière religieuse et n'avait fait que confirmer et proro-
ger les édits ou placards de son père relatifs à l'inquisition (1). Les projets tendant à la création des nouveaux
évêchés et à « l'adjonction des abbayes », remontaient
également au règne précédent. J'ai été dès lors amené à
me poser cette question, qu'avaient déjà soulevée le
prince de Kaunitz, M. Gachard (2) et bien d'autres :
pourquoi une émotion si vive saisit-elle les Pays-Bas,
après l'avénement de Philippe, alors qu'elle ne s'était pas
manifestée sous Charles-Quint ?

A cette question, M. Carlier et moi avons répondu à
peu près de la même manière : Charles-Quint, si entier
qu'il fût en matière religieuse ou politique, savait du
moins « dorer la pilule (3) ». Il avait des manières simples et dignes, ouvertes et affectueuses aussi bien avec
les nobles des Pays-Bas qu'avec les gens des bonnes
villes (4). Philippe II, au contraire, était d'humeur som-

---

(1) Édit de rafraîchissement du 28 novembre- 1er décembre 1555.

(2) Voir pour les opinions du prince de Kaunitz et de M. Gachard,
la page cxxvi du rapport au Ministre de l'Intérieur du royaume de
Belgique, qui se trouve en tête du premier volume de la *Correspondance de Philippe II.*

(3) *Dorare las pildoras.* Expression déjà usitée au xviie siècle.

(4) Voir Carlier, d'après L. Ranke, p. 32.

bre, conservait un mutisme hautain, affectait de n'estimer que les Espagnols.

Je puis donc déjà dire que, s'il eût continué les *traditions* d'habileté courtoise et d'urbanité de son père, il y aurait beaucoup gagné. La forme est dans tous les siècles quelque chose de considérable (1).

Mais il y a bien autre chose.

Les peuples ne raffinent pas et suivent une logique assez grossière. Sous ce rapport, les Pays-Bas furent servis à souhait par l'empereur. Charles-Quint avait une main d'acier sous un gant de velours et ne déviait généralement pas des résolutions une fois prises. Son fils, au contraire, différait, biaisait et se contredisait trop souvent. On imaginerait difficilement le tort que lui firent son manque de foi à l'égard du comte d'Egmont (mission de 1565) et la contradiction flagrante existant entre les dépêches espagnoles du 2 avril 1565 (datées de Madrid) et les dépêches françaises du 13 mai suivant (datées de Valladolid) (2). Après cela, le peu de confiance qu'il pouvait encore inspirer fut irrévocablement perdu.

Charles-Quint résidait très-souvent dans les Pays-Bas.

----

(1) Cela est si vrai que Charles-Quint fit des représentations à son fils au sujet de ses manières et lui prédit que, s'il ne les modifiait point, il perdrait les Pays-Bas. Voici, à ce sujet, un passage significatif de « l'apologie » du prince d'Orange (1581) :

« L'Empereur, qui cognoissoit mieux que prince ny homme du « monde la superbe et orgueilleuse nature des Espaignols et peult « estre l'inclination du Roy, son fils, d'autre part l'estat de ce païs, « ce qui le pouvoit perdre ou conserver, advertit sérieusement le « Roy que, si il ne retenoit cest orgueil d'Espaigne, qu'il prévoioit « bien qu'il seroit la cause de la ruine entière de cest estast, « lequel, à la longue, ne pourroit souffrir cette insolente domina- « tion que les Espaignols exercent partout où ils peuvent. Et lui « feist ceste remonstrance en la présence de feu Monsieur le comte « de Boussu, père du dernier décédé, moy et plusieurs autres sei- « gneurs de la chambre, dont il y en a encores de vivants ».

Le premier comte de Boussu, grand écuyer de l'empereur, est Jean de Hénin-Liétard, Prévôt-le-Comte de notre ville.

(2) Voir l'*Étude des Considérations générales*, 109-110.

A partir de 1559, Philippe II n'y reparut plus, malgré ses promesses mensongères.

L'empereur se garda bien de faire passer sur les dix-sept provinces « le niveau d'un despotisme exotique ». Il assembla plus de vingt fois les États généraux, et c'est pourquoi il obtint toujours d'eux les subsides, pourtant bien lourds, qu'il sollicitait. Philippe II se refusa systématiquement à suivre ce système, qui avait si bien réussi à son père. En cela il eut grand tort, car les peuples, comme les individus, aiment beaucoup, lorsqu'ils ont à payer, qu'on les consulte ou du moins qu'on ait l'air de les consulter.

Voici maintenant l'argument décisif.

Quelle fut la principale cause de la perte irrévocable des sept provinces unies (république de Hollande) ? — La mission du duc d'Albe, ses cruautés insensées (18,600 supplices !), ses exactions financières (le centième, le vingtième et le dixième denier). Ce fut ce système sans précédent et sans exemple qui permit à Guillaume de Nassau, exilé et impuissant, de rentrer à main armée dans les Pays-Bas et d'engager une lutte qui laissa l'Espagne épuisée pour des siècles. Or, cette mission de haine et de vengeance était absolument inutile, car le duc n'arriva dans les Pays-Bas qu'en août 1567, et déjà, dès le mois d'avril précédent, Marguerite de Parme avait vaincu toutes les résistances. Le 2 janvier, Noircarmes était entré à Tournai, le 23 mars à Valenciennes, quelques jours plus tard à Maestricht. De son côté, le 26 avril, la Gouvernante rentrait sans coup férir à Anvers. Guillaume de Nassau avait quitté Bréda pour se retirer en Allemagne. Hoogstraeten, Brederode et les autres champions du parti national s'étaient expatriés. Enfin, Marguerite de Parme était maîtresse absolue du terrain, et c'est en ce moment que Philippe II envoie celui qui groupera toutes les haines et toutes les résistances ! !

Charles-Quint aurait-il agi de cette façon? Evidemment non. En 1540, il fut inexorable pour Gand, mais il eut soin d'y aller en personne.

Ainsi Philippe II, sans innover sur le terrain législatif, déserta toutes les pratiques, toutes les *traditions* de son père (1).

(1) Toutes ces idées ont été admirablement résumées dans un des plus beaux livres d'histoire de ce temps, l'*Essai sur l'histoire politique des deux derniers siècles*, de M. Jules van Praet (ministre de la maison du roi sous Léopold Ier et Léopold II), qui a jugé tous ces grands événements du xvie siècle, avec la haute sagacité d'un homme d'Etat, avec la supériorité d'un profond penseur et d'un écrivain de race :

« Charles-Quint, dit-il (t. I, chap. III, § 2, p. 209), François Ier, « Ferdinand II, Richelieu ont combattu la Réforme, soit avec des « armées, soit avec quelque franchise militaire. Philippe II l'a atta-« quée avec l'arme des délations et des supplices. L'échafaud et le « bûcher ont été pour lui la règle ; la guerre, l'exception. L'histoire « ne lui pardonnera pas d'avoir substitué le glaive du bourreau à « celui du soldat.

« Si Charles-Quint n'aimait pas plus que Philippe II la liberté « des peuples, son procédé dans le gouvernement des hommes a « été tout autre. Il n'a pas fait de l'Espagne ou de l'Empire une « métropole et des Pays-Bas une colonie. Dans aucun pays soumis « à sa domination, il n'a soulevé contre lui les sentiments qu'inspire « un maître étranger. Par l'affabilité des manières, l'habitude des « voyages, la connaissance des institutions et des inclinations de « ses peuples, par l'élévation et la largeur de ses idées, la distinc-« tion de ses goûts, par le caractère européen de sa politique et sa « disposition à reconnaître, à apprécier et à utiliser le mérite par-« tout où il le rencontrait, Charles-Quint n'était nulle part un « étranger. Il n'était pas, comme son fils, l'homme d'une seule idée, « d'un seul idiome, d'une seule résidence.

« Sous lui, les vieilles formes de la constitution nationale sont « restées debout. L'organisation des états n'a pas été faussée ; le « pouvoir a été confié à des mains habiles et prudentes ; les fonc-« tions, les commandements n'ont pas été exercés par des Espa-« gnols ; les grands personnages n'ont pas été privés d'influence, « déshérités de toute autorité ; le pays est resté lui-même ; l'aristo-« cratie n'a pas été humiliée, le principe de la représentation natio-« nale détruit. Ce que l'histoire reprochera toujours à Philippe II, « c'est le procédé mystérieux du monarque dans l'exercice de son « pouvoir, son manque de courage dans l'accomplissement ou dans « l'aveu de ses actes les plus importants; c'est d'avoir hypocrite-« ment faussé les institutions des peuples, d'avoir été un conspi-« rateur plutôt qu'un soldat, d'avoir préféré la guerre civile à la « grande guerre, ne prenant part personnellement à l'une ni à « l'autre ».

Enfin on est en droit de lui reprocher « son despotisme mesquin, sa froide cruauté, son goût pour les supplices clandestins, pour les instructions obscures dont la responsabilité pèse sur celui qui doit les exécuter, etc. ».

On ne saurait mieux justifier ma thèse.

§ III

NOUVEAUX DÉTAILS SUR LA JOURNÉE
DES MAUBRULÉS

Nous arrivons maintenant à la journée des Maubrus-léz (1), dont je crois avoir donné le premier les détails, car autrefois on ne connaissait ces événements que fort imparfaitement. Sur ce terrain, M. Carlier veut bien me suivre. Il s'étonne seulement que je ne repousse pas l'assertion de d'Oultreman : « qu'après la première res-« cousse, il avait été question de faire décapiter Fauveau « et Mallart dans la Burianne ». Cette version, en effet, ne me paraît pas vraisemblable et c'est pourquoi je ne l'ai pas adoptée. Je ne l'ai pas repoussée non plus, parce que d'Oultreman, né, je crois, vers 1556, a dû avoir ses raisons pour recueillir cette tradition.

Puisque personne ne m'adresse de critique, je m'accu-serai tout le premier de n'avoir pas été complet dans le récit de la journée du 27 avril 1562. J'ai même été inexact sur un point ; l'occasion m'étant offerte, je vais me compléter et montrer au lecteur jusqu'où l'on peut pénétrer au moyen de documents d'archives.

Le point sur lequel j'ai été inexact est celui-ci : J'ai parlé de la cloche du beffroy, « lançant ses volées funè-« bres » au moment de l'exécution et j'ai induit en erreur M. Carlier, qui parle du signal « du blanc baston »,

<hr>

(1) Carlier, p. 77 et suiv.

c'est-à-dire du signal par lequel le prévôt se mettait en communication avec les carillonneurs. Eh bien ! je me suis trompé, la cloche du prévôt resta muette. On voudra bien remarquer que toutes les précautions avaient été prises pour éviter l'affluence de monde. Ainsi l'exécution avait été fixée au lundi de bon matin, afin que les artisans domiciliés au dehors et allant passer le dimanche chez eux (catégorie très-nombreuse) , ne fussent pas encore rentrés en ville. Les soixante gros bourgeois qui devaient assister à l'exécution ne furent prévenus que le dimanche au soir, alors qu'ils étaient déjà couchés, et cela pour éviter toute indiscrétion. De même encore, le lundi à la pointe du jour, on ne rouvrit pas les portes de la ville. Enfin, toujours dans le même but, on ne mit pas en branle la cloche des exécutions, afin de ne pas donner l'éveil dans les villages suburbains.

C'est là une rectification importante que je signale aux historiens futurs.

Voici maintenant quelques détails à ajouter au récit :

1° Lorsque Fauveau et Mallart, après le bris de la Burianne, apparurent sur le marché, portés à bras et tout « liéz et enferréz », ils furent placés sur les épaules, l'un de Jacques Regnier, dont j'ai raconté la fin tragique, l'autre de Pierre Misnet, ouvrier boulanger d'une force athlétique (1). En ce moment une femme s'avança vers eux (c'était l'hôtesse *des trois Pigeons*), et essuya avec un linge leurs visages ruisselants des sueurs de l'agonie. Le peuple, imprégné de souvenirs bibliques, donna à cette femme le surnom de « sainte Vérine » (Véronique), en mémoire de la passion du Christ.

2° Lorsque Fauveau fut arrivé chez lui, au Boudinet, il monta à l'étage, ouvrit une fenêtre et de là remercia

____

(1) Il devint pendant le siége tambourcur de la compagnie des *tout-nuds* de Georges Leblond et fut décapité le 19 octobre 1568.

ceux qui l'avaient escorté. A côté de lui se trouvait une virago nommée Baulduine Flameng, veuve de Thiéry Lejosne (1).

3° Je suis à même de compléter les détails relatifs à l'évasion des Maubrusléz. Suivant toute vraisemblance, ces détails seront les derniers qui seront produits devant le public savant ou curieux, car il n'y a plus de documents inexplorés ni à Bruxelles ni à Vienne (2). Voici comment ces renseignements me sont parvenus.

En compulsant le registre du Conseil des Troubles, intitulé : *Informations et justifications de Hainaut,* j'avais remarqué un manuscrit d'une lecture extrêmement difficile, jauni par le temps, mangé çà et là, d'une écriture déteinte, en un mot, formidable. J'avais cherché à le lire par places, afin de savoir au moins de quoi il s'agissait. J'avais pu constater qu'il contenait une information contre Me Jehan de Lattre, l'un des notables commerçants de Valenciennes, qui, le 4 juillet 1562, fut institué prévôt de la ville pour l'année 1562-1563. La « loy » que présida de Lattre, et dont Michel Herlin, le père, fit partie comme échevin, eut à accomplir une tâche difficile, car c'est pendant son exercice qu'eurent lieu les premiers prêches publics de l'année 1563. Ce qui est certain, c'est qu'elle n'accomplit pas sa mission au gré de la gouvernante et qu'elle resta entachée de suspicion aux yeux de celle-ci. Cette suspicion était légitime, car le prévôt, père d'un sectaire qui fut capitaine de compagnie pendant le siége et mourut sur l'échafaud en chantant un psaume de Marot, était lui-même un calviniste plus ou moins déguisé ; nous allons en avoir la preuve. Nous apprenons encore par cette information que Jehan de Lattre, le

(1) *Troubles,* IV, 434.

(2) L'Autriche a rendu à la Belgique toutes les pièces se rapportant à l'époque des troubles.

père, était originaire du village de Douchy, qu'il y avait des propriétés et qu'il s'y retira pendant le siége (1).

Lorsque ma besogne fut plus avancée et mon éducation paléographique plus complète, je résolus de ne rien laisser derrière moi et d'avoir raison des manuscrits que j'avais jusqu'alors négligés. J'abordai donc l'information contre Jehan de Lattre, le père (2), et parvins à la déchiffrer. Je fus payé de ma peine, car j'y trouvai encore des renseignements nouveaux sur Fauveau et sur Mallart. Voici le passage relatif à notre sujet :

« Et ne fault oublier de advertir Son Excellence (le duc
« d'Albe) que lorsque deux prisonniers que l'on aloit exécu-
« ter par le feu audict Valenchiennes furent rescouz, dont
« grant tumulte en procéda, lesdicts deux prisonniers se
« saulvèrent en la maison d'ung mosnier qui fut exécuté par
« l'espée ».

(Il s'agit de Maximilien Philippart, le meunier du prèmier pont du quartier dit : d'Entre-les-deux-Ponts-d'Azin ou d'Aizin) (3)..... Ici une ligne illisible, je

(1) Le mécontentement et les soupçons de Marguerite de Parme à l'égard de de Lattre, le père, sont attestés par plusieurs pièces publiées dans le troisième volume de l'*Histoire des Troubles*. Nous y renvoyons le lecteur, mais nous donnerons ici quelques extraits d'un procès-verbal très-curieux dressé par le licencié Juan de Vargas, l'un des secrétaires du Conseil des Troubles, le 15 mars 1568 (On sait que ce scélérat, qui avait dû fuir hors de l'Espagne après avoir violé sa pupille, fut, avec le docteur Louis Del Rio, le principal instrument du duc d'Albe.) :
« Touchant le fait de maistre Jehan de Lattre, demourant à
« Valenchiennes et bourgeois dudict Valenchiennes, ayant esté Pré-
« vost durant les séditions... l'on se polra informer au vilage de
« Douchy, près Noielle, où il s'est tenu durant le siége de Valen-
« chiennes, parce que aucuns dudict vilage se meutinoient contre
« ledict de Latre, pour ce que de longtemps il est fort mal famé. .;
« mesmes que, pendant le temps qu'il estoit Prévost dudict Valen-
« chiennes, permectoit sortir les gens dudict Valenchiennes pour
« aller à la presche au mont d'Azin... et d'ung aultre costé au
« mont Hoy ». (Archives de Bruxelles. — Papiers du Conseil des Troubles.)

(2) Je l'ai montrée à M. Carlier lui-même, lorsque j'ai eu le plaisir de le rencontrer aux archives de Bruxelles.

(3) Et non pas d'Anzin, comme on le dit trop fréquemment : cette orthographe n'est pas usitée au xvie siècle.

dirai même détruite, comme toutes celles qui sont au
bas des pages, mais, par le sens général, on voit que
Fauveau et Mallart se réfugièrent ensuite en la maison

« de de Lattre, père dudict Jehan de Lattre (le capitaine),
« prisonnier audict Valenchiennes, et furent en la maison
« dudict Me Jehan gardéz en ung grenier de wedde (1) l'es-
« pace de xii à xv jours, pour ce que la justice les fasoit
« sercher partout et que l'on avoit publié que quiconque les
« anoncheroit auroit iiie florins, desquelles choses polra plus
« amplement parler ung personnaige quy demeure au vilaige
« de Denain, au devant de une maison de plaisance nommée
« La Tour, lequel personnaige, estant en sa maison, entendit
« d'ung quidam, que il nommera, que ledit quidam avoit
« porté des chemises ausdicts deux prisonniers eschapéz,
« lesquelz ledict quidam *disoit aller en Angleterre* ».

Le Conseil des Troubles s'empare de cette déposition,
qui est celle du seigneur de Fromes, lieutenant du roi à
Bouchain et prévôt de Denain. Puis il donne l'instruction
suivante :

« Me Jehan de Latre, père du prisonnier de Latre, a recélé
« deux prisonniers condempnéz d'estre exécutéz par le feu.
« S'il n'est prisonnier, soit faict et constitué prisonnier.
« Soit examiné celluy demeurant à la maison de plaisance
« nommée La Tour, à Denain, qui a esté celluy ayant délivré
« chemises ausdicts prisonniers recous *et partans pour Angle-*
« *terre* ».

Je dois maintenant revenir un peu sur mes pas et
déterminer les étapes des deux Maubrusléz.

Le 27 avril 1562. — La Burianne (prison municipale),
— puis la halle aux draps, — encore la Burianne, — la
maison du serrurier Marmin, à l'enseigne du *Nocquet*
(nœud) *d'or,* en la rue des Caudreliers, où ils sont

(1) Végétal de la famille du plantin et servant à teindre en bleu
azuré. — Jehan de Lattre était donc probablement un teinturier de
sayettes ou d'étoffes de laine, comme les du Buquoy, les Joncquoy
et autres familles importantes de Valenciennes.

débarrassés de leurs chaînes ; — la maison de Simon Fauveau, au Boudinet, où ils remercient leurs libérateurs ; — la Couture ou marché aux bêtes (petite place Verte actuelle), où ils entendent le sermon du prédicant français ; — à la chute du jour, le moulin du premier pont d'Azin, chez Philippart, où ils sont accueillis par Marguion Bricqueman, femme du meunier et fervente calviniste.

28 avril. — Ils sortent du grenier du moulin à la nuit tombante, traversent la prairie du Bruille et s'engagent « en une courte et grande place où il y a plusieurs mai- « sons en la rue tenant la porte Notre-Dame, en la main « droite, et par laquelle on va à l'issue du logis de Mada- « moiselle de Vendegies (1) ».

J'avais pensé d'abord que les Maubrusléz avaient pu se réfugier dans une maison de cette rue, mais, comme Jehan de Lattre demeurait en face de l'église de Notre-Dame-de-la-Chaussée (par conséquent dans l'une des maisons qui font face à celle de M⁰ Bultot, notaire), je suis persuadé maintenant qu'en sortant du moulin, ils se faufilèrent, en passant par le Bruille et la rue Notre-Dame, dans le grenier de Jehan de Lattre, où sans doute la femme de Fauveau leur avait ménagé un asile. Ils y restèrent une quinzaine de jours, et nous voyons un affidé leur porter du linge et sans doute des vête- ments.

Où se transportèrent-ils en sortant de Valenciennes ? On a cru quelque temps qu'ils avaient passé en France, pour s'engager dans l'armée protestante du prince de Condé. Moi-même j'ai exprimé cette opinion, d'une façon fort dubitative il est vrai. M. Carlier s'y tient encore, mais je pense qu'il ne se rangera pas plus longtemps à cette hypothèse, qui devient insoutenable. A la vérité,

(1) *Troubles*, I, 94.

elle est produite dans le procès intenté à Jacques Regnier, mais comment celui-ci serait-il dûment informé ? Il répète simplement ce qu'il a ouï dire (1). Les autorités en sens contraire sont très-fortes.

Jehan de Hollande, dans son odyssée (2), a rencontré à Londres Fauveau et Mallart, en compagnie de Bernard, dit Titus, de Bricqueman (le beau-père de Philippart) et d'autres calvinistes valenciennois réfugiés. Or, notre « brimbeur » est écroué à la Burianne le 13 janvier 1563. Il est mis en liberté à la fin de février, pour courir à la recherche de sa femme. Le 10 avril 1563, il est réintégré en prison. Donc c'est en mars 1563 qu'il a vu nos Maubrusléz à Londres. Comment veut-on dès lors qu'ils soient allés servir en France, eux qui n'avaient quitté Valenciennes que vers le 15 mai 1562 ?

Enfin, il y a une raison encore plus forte que toutes celles qui précèdent. C'est qu'il était à peu près impossible aux proscrits des Pays-Bas de passer en France, attendu que la duchesse de Parme, se défiant des « nouvelletéz » de notre pays, faisait surveiller soigneusement la frontière. Jour et nuit, les cavaliers de la maréchaussée et ceux d'Adrien de Warluzel, lieutenant de la citadelle de Cambrai, couraient entre cette ville et Saint-Quentin. L'émigration des Pays-Bas suivait donc un autre chemin. Les proscrits se dirigeaient tant bien que mal vers Gravelines, Furnes ou Nieuport, se donnant pour des ouvriers sayeteurs, foulons ou tisserands sans ouvrage et s'embarquaient dans ces ports pour l'Angleterre. On a vu qu'en 1562, il y avait déjà à Londres une

(1) Je ne parle plus de la lettre du 12 mai 1562, par laquelle Fauveau et Mallart étaient censés écrire au Magistrat qu'ils avaient pu gagner Saint-Quentin (*Troubles*, I, 89). M. Carlier et moi sommes d'accord pour la considérer comme simulée et faite pour dépister le Magistrat.

(2) Voir le premier volume des *Troubles religieux.*

petite colonie valenciennoise. L'émigration générale des Pays-Bas fut si nombreuse que la reine Elisabeth en profita pour repeupler des villes entières, par exemple Sandwich.

§ IV

SUPPLICE DE JACQUES REGNIER, DE NIVELLES

Je ne puis accepter les observations de M. Carlier, en ce qui concerne le supplice de Jacques Regnier (p. 90). J'ai trouvé que le châtiment n'était pas en proportion avec la faute et je suis toujours du même avis.

Il y avait contre Regnier deux chefs d'accusation : l'intention de pillage et le fait de rébellion.

Le premier chef n'est pas clairement établi. Les témoins se contredisent et l'accusé n'avoue pas (1). Il y a d'ailleurs sur ce point un témoignage décisif, c'est celui des juges eux-mêmes qui écartent la préméditation et accordent des circonstances atténuantes « attendu, « disent-ils, que le cas avoit esté ung seul faict advenu « en ung instant et sans préallable délibération ». Regnier n'avait donc, au dire des juges eux-mêmes, aucune intention de pillage, en allant voir brûler Fauveau et Mallart. Ce témoignage, répétons-le, nous paraît plus

---

(1) Il faut bien comprendre ces mots : « A dict non estre seul et « que s'il luy et aultres n'eussent pensé piller la ville, qu'ilz ne « s'en fussent mesléz ». (*Troubles*, I, 322). Ces mots ne sortent pas de la bouche de Jacques Regnier, qui dénie formellement le propos. (Et ledict prisonnier persistant en dénégation, etc...) Ils viennent des témoins qui prétendent avoir ouï Regnier tenir le propos.

considérable que celui du jeune Englebert Jérôme, le seul qui charge Regnier.

On ne voit pas du reste comment l'intention de piller serait venue à ce dernier, car, à quelque moment de la journée qu'on se place, on ne saisit aucune menace de pillage (1). M. Carlier est d'un avis contraire : « Des voix « rappelèrent qu'on avait parlé de pillage ; la bande fît un « mouvement pour se diriger vers le couvent des Domi- « nicains (p. 79) ». Je ne crois pas que M. Carlier puisse trouver dans mes pièces une seule ligne, un seul mot à l'appui de cette allégation. Le renseignement relatif au danger, que purent courir les Jacobins ou Dominicains du monastère de Saint-Paul, est donné, si je me le rappelle bien, par la gouvernante et par la gouvernante seule (2). Or, voici ce qu'elle écrit à son frère : « et despuis, ledict « menu peuple qui s'estoit soublevé, print son chemin « contre le monastère des Jacopins, en intention, *à ce* « *que l'on entend,* de le *saccaiger* ». Voilà, je pense, qui est clair. Saccager n'est pas piller. On saccage par haine, par fureur, pour détruire. Les calvinistes *saccagent* les églises, les catholiques *saccagent* les temples. C'est une question de fanatisme.

Autre argument péremptoire (je dis péremptoire parce qu'il est fourni par les documents). M. Carlier croit-il que, s'il y avait eu des projets de pillage, ils n'auraient pas été relevés par le roi, dont ils auraient si bien favo- risé la politique ? Eh bien ! qu'on lise la Commission royale du 9 mai 1562 (3). On verra qu'il n'y a pas un mot de cela.

---

(1) Sauf en ce qui concerne l'artillerie de la ville. Mais le pillage d'un arsenal constitue un fait de rébellion et non un fait de brigan- dage. Encore cette accusation est-elle seulement portée par la du- chesse de Parme. Elle n'est produite dans aucun document local.

(2) Lettre du Roi du 8 mai 1562. *(Troubles,* II, 212.)

(3) *Troubles,* II, 250.

Les griefs qui existaient contre les Dominicains dans une partie de la population valenciennoise sont bien connus, et si je n'en ai parlé dans aucun de mes livres (ce dont je ne me souviens pas), ce ne peut être que par oubli. Ces griefs étaient au nombre de trois : 1° On leur reprochait leur prosélytisme, surtout à l'égard des enfants des calvinistes décédés ; 2° on leur imputait de nombreuses dénonciations, faites par suite de la violation du secret de la confession ; 3° on les accusait notamment d'avoir dénoncé Fauveau et Mallart. Assurément, je n'épouserai pas ces griefs. Toutefois il est incontestable que la gouvernante recevait de Valenciennes des dénonciations directes, c'est-à-dire faites en dehors du Magistrat, qui lui permettaient de tancer, d'aiguillonner le prévôt et les échevins. Quoi qu'il en soit, les mobiles qui poussaient une partie des mutins contre le couvent de Saint-Paul étaient purement religieux.

Je crois que je puis maintenant abandonner le premier chef d'accusation. Alors que personne ne pense à piller, on ne comprendrait pas comment l'idée du pillage serait venue à Regnier. En revanche on comprend fort bien qu'à la vue d'un désordre intense, il ait dit : « On croirait vraiment que la ville est au « pillage, ou va être mise au pillage ». Avec la torture on faisait avouer aux gens tout ce qu'on voulait. Il fallut dès lors à Regnier une singulière énergie morale pour ne jamais tergiverser sur cette accusation de pillage, pour repousser jusqu'aux insinuations de ses juges lui conseillant de « ne pas se laisser rompre « les os ».

Passons maintenant au second chef : le chef de rébellion, qui lui vaut la mort. C'est là que je rencontre l'objection de M. Carlier.

J'avais dit ou fait entendre qu'on ne met pas à mort un homme pour avoir déplacé quelques bailles et menacé de la main MM. de la Justice. « Prenez garde, me dit mon

« honorable contradicteur, c'est là chercher à justifier ces
« êtres misérables qui ne se soulèvent ni pour un prin-
« cipe ni pour une idée, mais parce qu'ils pensent, au
« train dont marchent les choses, que l'heure du pillage
« est proche ».

Entre justifier un homme que je qualifie de « peu intéressant, vagabond, paresseux, légèrement ivrogne, etc. »,
et déclarer que je ne le trouve pas digne du dernier
supplice, alors surtout que je le vois se rendre aux
observations impérieuses de sa femme et rentrer chez lui
bien avant la fin de la sédition, il y a un abîme, et cet
abîme je ne l'ai pas franchi.

Mon contradicteur admet évidemment qu'aujourd'hui
Regnier subirait une condamnation relativement légère.
Mais, ajoute-t-il, il faut se placer au point de vue du
xvi⁰ siècle, de ce siècle où Luther disait : « Il faut courir
« sus aux révoltés, les frapper, les écraser, etc. »

Il n'est pas besoin d'aller jusqu'en Allemagne. Restons
à Valenciennes et voyons ce qui s'y passe.

Nous comptons, après la rébellion du 27 avril 1562,
quatre exécutions capitales : celles de Jacquet Walin,
d'Arnould Defau, de Jehan Brusneau et de Jacques Berte
(outre celle de Maximilien Philippart, coupable de recel).
Mais à côté de ces supplices, combien de condamnations
moins sévères, combien de gens fustigés, bannis, con-
damnés à l'amende honorable, mis en liberté sous cau-
tion ! Et il faut remarquer que la plupart de ces individus
étaient plus coupables que Regnier, car non seulement
ils n'étaient pas rentrés chez eux vers dix ou onze heures
du matin, mais ils avaient vraisemblablement assisté à
toutes les phases de l'émeute, brisé les vitres de la
maison de ville, dispersé les fagots, etc. On peut donc
dire que Regnier, s'il eût été jugé à Valenciennes, n'aurait
pas été décapité après avoir été affreusement torturé. Ses
juges n'auraient pas eu le temps de lui consacrer une
attention meurtrière, tandis qu'à Nivelles, où il était seul

inculpé, la gouvernante et les conseillers de Brabant eurent tout le loisir de s'acharner après lui.

Je me résume d'un mot : Regnier fut la victime des priviléges et de la joyeuse entrée de Brabant, qui avaient pour but de le protéger.

Je ne terminerai pas ce paragraphe sans faire observer à M. Carlier qu'il semble encore au même endroit m'attribuer une pensée que je n'ai pas eue. « Nous n'aurons « pas, dit-il, à propos de Jacques Regnier, à parler d'un « Dieu qui pour chaque faute réclamerait la vie d'une de « ses créatures (p. 91) ». On croirait vraiment que cette phrase a été écrite par moi à propos de Regnier, indûment métamorphosé en victime de passions religieuses.

Si le lecteur veut bien se reporter à la page 219 du tome I de l'*Histoire des Troubles,* il verra que cette phrase a pour but de caractériser le système suivi. par Philippe II en matière de religion. M. Carlier cite à plusieurs reprises la correspondance éditée par M. Gachard (4 vol. in-4°), et par conséquent il a lu les lettres adressées par le roi à don Luis de Requesens y Çuniga, son ambassadeur à Rome, qui succéda au duc d'Albe comme gouverneur général des Pays-Bas. Il connaît dès lors le système en question. Philippe II, en matière de responsabilité, allait bien plus loin que son père, parce qu'il avait l'esprit beaucoup plus étroit et timoré. Il se considérait comme responsable envers Dieu du salut des âmes de ses bons sujets. « Plutôt que de souffrir le moindre « changement dans la religion, disait-il, je donnerais « tous mes états et cent vies, si je les avais, car je « ne veux pas être seigneur d'hérétiques. » De là cette conséquence que, toutes les fois qu'il y avait crime de lèse-majesté divine et humaine, le roi d'Espagne distinguait : comme souverain temporel, il était prêt à pardonner, mais comme représentant de Dieu, il ne le pouvait pas, il n'était pas libre.

Dès lors, j'ai dit et je répète que Philippe II s'était

forgé un idéal particulier de la divinité. Je ne puis, pour mon compte, comparer ce Dieu qu'à ces divinités de l'Inde qui, avant que la police anglaise n'y mît bon ordre, prescrivaient à leurs fidèles, par la voix de leurs prêtres, de se précipiter sous les roues de leurs chars !

§ V

SIGNIFICATION DES MOTS : BANDES, ENSEIGNES, ETC.

Il sera peut-être utile à nos historiens locaux d'être fixés sur le sens de certains termes employés pour désigner les troupes du xvie siècle.

Ainsi, suivant le regretté M. de Coussemacker, les émissaires de certains princes électeurs luthériens (1) annonçaient dans les Pays-Bas la prochaine venue de quarante *bandes* de fantassins et de trois cents *bandes* de cavalerie (Carlier, 95, 96). Cette hâblerie était si monstrueuse que l'on ne comprend pas comment des magistrats purent y ajouter foi.

D'abord, au xvie siècle, en Allemagne ou dans les Pays-Bas, mais surtout dans ce dernier pays, on n'applique jamais cette expression de « *bande* » à une troupe de fantassins (2). Dans les Pays-Bas, il n'y a que des ensei-

____

(1) Ces princes paraissent avoir été appelés par M. de Coussemacker Frédéric de Nausburg et Gérard van Sevenberghe. — Je ne comprends rien à cette citation que je ne puis vérifier. Il n'y a jamais eu de princes électeurs de ce nom.

(2) Le lecteur verra cependant plus loin que les bas-officiers des compagnies bourgeoises de Valenciennes sont qualifiés de « sergens « de bende », mais jamais les compagnies elles-mêmes ne sont dénommées ainsi. Ces mots « sergens de bendes » constituent un idiotisme dont les termes sont indivisibles.

gnes ou compagnies d'infanterie. Quelquefois et dans des cas exceptionnels, on réunit plusieurs enseignes pour en faire une « coronellerie ». Ce fut le cas pour Antoine Blondel, seigneur du Haultbois. (Commission du 21 mai 1563. — *Histoire des Troubles,* III, 290.) Mais on peut voir en même temps à quel point cette innovation fut mal prise par le marquis de Berghes, gouverneur général du Hainaut, et même au sein du conseil d'Etat.

Sous les murs de Valenciennes assiégé, il y avait des compagnies de wallons commandées par les seigneurs de Rongy, d'Inchy, de Béthencourt, de Bugnicourt, de Preux, de la Hamaide, etc., et deux régiments auxiliaires à six drapeaux chacun, de luxembourgeois et de namurois commandés par Charles de Mansfelt et par Gilles de Berlaymont, seigneur de Hierges, dont j'ai retrouvé les lettres.

En Allemagne, il y avait des enseignes et aussi des régiments de piétons. Ainsi Philippe II, qui hésita assez longtemps à autoriser le siége de Valenciennes, n'y consentit qu'à la condition qu'on lèverait *ad hoc* deux régiments d'allemands, qui furent, si j'ai bonne mémoire, commandés par Schauwenbourg et par Otto d'Eberstein (1).

Lorsque, au contraire, on veut désigner des troupes de cavalerie, on se sert souvent du mot « bande », mais alors ce mot est synonyme de « compagnie d'ordon-« nance », composée de gens d'armes et d'archers à cheval, à raison de deux, quelquefois même trois archers par homme d'armes. On dit donc indifféremment « bande » ou compagnie d'ordonnance.

Les bandes d'ordonnance des Pays-Bas (2), qui furent

____

(1) Gachard, *Corresp.,* I, 504, N. I. Voir aussi d'Oultreman.

(2) Elles furent fondées par Charles-le-Téméraire, qui introduisit dans les Pays-Bas le système des armées permanentes.

généralement au nombre de quatorze sous le règne de Philippe II, ont varié quant à l'effectif, depuis quarante ou cinquante hommes d'armes jusqu'à cent et cent cinquante. En temps de guerre, l'effectif pouvait être plus fort ; ainsi en réunissant les pièces relatives aux campagnes du Hainaut de 1543, j'ai pu constater que certaines bandes s'élevaient jusqu'au nombre de deux cents lances. Elles étaient commandées par les plus grands seigneurs, chevaliers de l'Ordre et gouverneurs de province. A l'époque qui nous occupe, on rencontre les quatorze bandes d'Orange, d'Egmont, de Berghes, de Montigny, de Hornes, de Hoohgstraeten, de Megen, d'Arschot, de Berlaymont, d'Aremberg, de Ligne, de Boussu, de Rœulx et de Mansfelt. Le plus mince seigneur parmi ces capitaines est peut-être Henri de Brederode (1), de noblesse pourtant très ancienne, et dont le père, Renaud de Brederode, avait été l'un des principaux généraux de cavalerie de Charles-Quint (2).

Comme on le voit, l'effectif de toutes les bandes réunies des Pays-Bas ne s'élevait pas encore bien haut, mais elles constituèrent la meilleure cavalerie de l'Europe et jouèrent un rôle prépondérant à Muhlberg, à Saint-Quentin, à Gravelines, etc.

En France, aussi, il y avait un certain nombre de bandes ou compagnies d'ordonnance, dont l'effectif variait et qui étaient commandées par les plus grands seigneurs, même par le dauphin et les fils de France.

Ainsi, quand ces soi-disant émissaires allemands parlaient de trois cents bandes de cavalerie, ils énonçaient un effectif supérieur à toute la cavalerie régulière de l'Europe.

---

(1) Il commandait une de ces bandes comme suppléant le titulaire.

(2) J'ai induit en erreur plusieurs écrivains français, qui après moi ont écrit Brederode avec deux accents aigus, que l'orthographe flamande ne comporte pas.

Les historiens qui voudraient creuser ce sujet doivent se procurer l'ouvrage spécial de M. le général Guillaume, ancien ministre de la guerre du royaume de Belgique.

§ VI

CARACTÈRE DE LA CONVERSION DU PRINCE DE CONDÉ

A la page 97 du livre de M. Carlier, je rencontre une digression sur Louis de Bourbon, prince de Condé, chef militaire des huguenots français, lors de leur première prise d'armes de 1562.

Je ne suivrai pas mon contradicteur dans cette digression étrangère à notre sujet et me contenterai de relever le passage suivant : « ... lui *aussi* (le prince de Condé) « sans doute s'était fait calviniste, le jour où il avait cru « comprendre que l'élément religieux pouvait seul lui « fournir les moyens de *prendre la place de son roi* (1) ».

Voilà une appréciation à laquelle je ne puis souscrire !

Comment Louis de Bourbon aurait-il eu la pensée de supplanter son roi (Charles IX), alors que, comme prince du sang, il était primé par ses deux frères aînés, Antoine, duc de Vendôme (2), lequel avait lui-même un fils qui fut Henri IV, et le cardinal Charles de Bourbon, qui fut un fantôme de roi sous le nom de Charles X ?

(1) Ces mots sont soulignés par M. Carlier.

(2) Blessé mortellement au siége de Rouen.—Mort le 17 novembre 1562.

S'il était nécessaire de trouver un motif *politique* à l'abjuration du prince de Condé, il faudrait bien plutôt le chercher dans le désir de contrebalancer l'influence des Guise (François, le premier balafré, et Charles, le second cardinal de Lorraine). On ne doit pas oublier en effet que, sous François II, les deux Guise, oncles de la reine Marie Stuart, écartèrent tout à la fois les princes du sang, le connétable de Montmorency et les Châtillon. Louis de Bourbon faillit laisser la vie dans cette lutte, car, arrêté à Orléans à l'instigation des Guise, il fut condamné à mort le 26 novembre 1560 et aurait été certainement décapité le 10 décembre suivant, si le 5 de ce mois François II ne fût mort presque subitement par suite de la rupture du rocher (os temporal) (1).

Mais je pense qu'il ne faut pas chercher un motif politique à l'abjuration de Condé. Elle a plutôt un caractère intime et de famille.

Louise de Montmorency, sœur du connétable, se maria deux fois, la première avec Ferry II de Mailly, dont elle eut un fils mort jeune et célibataire et une fille, la célèbre Magdeleine de Mailly, et la seconde fois avec le maréchal de Châtillon, dont elle eut les trois Châtillon, savoir : le cardinal Odet, l'amiral Gaspard II de Coligny et François de Coligny (D'Andelot). Magdeleine de Mailly était donc la sœur utérine de ces trois derniers.

Elle se maria avec Charles, sire de Roye, dont elle eut deux filles : Éléonore, qui épousa le prince de Condé, et Charlotte, qui se maria avec le comte François de La Rochefoucault, l'une des plus illustres victimes de la Saint-Barthélemy.

On peut distinguer maintenant les suggestions de fa-

____

(1) François II, prince malsain et rachitique, ne crachait pas et ne se mouchait pas. Les sécrétions nasales lui sortaient par l'oreille, au moyen d'une fistule. (Voir les détails dans Regnier de la Planche.)

mille auxquelles fut soumis le prince de Condé. L'amiral de Coligny était devenu son oncle par alliance ; sa belle-mère, Madame de Roye, était huguenote de cœur et l'influence de celle-ci dut être grande, car Magdeleine de Mailly, l'amie intime de la reine Éléonore et de Catherine de Médicis (1), est une des figures considérables de notre seizième siècle. Joignez à cela le respect et la déférence que, malgré ses désordres trop réels, Louis de Bourbon conserva toujours pour sa femme, qualifiée par M. Guizot et bien d'autres « d'admirable épouse et d'admirable « chrétienne ».

Là est, je crois, la véritable cause de l'abjuration du prince de Condé (1558).

§ VII

LA CARRIÈRE DU PRINCE D'ORANGE

(PREMIÈRE PARTIE)

Cette digression de M. Carlier me fournit l'occasion de traiter un autre point bien plus important encore, car, par lui, nous rentrons dans notre sujet.

____

(1) On soupçonna même quelque temps Catherine de Médicis d'avoir un secret penchant pour le protestantisme, à cause de ses relations avec Madame de Roye et avec la première Madame de Montpensier (Jacqueline de Longwy), qui toutes deux étaient calvinistes de cœur. Du reste Catherine était une sceptique et aurait fort bien changé de religion par politique.

Je ne crois guère aux mots historiques et par conséquent je n'affirme pas l'authenticité de celui qu'elle aurait prononcé après la bataille de Dreux, alors qu'elle croyait encore à la victoire des Huguenots. (Eh bien ! nous prierons Dieu en français !) Mais cette attribution prouve du moins qu'on la croyait très-capable d'apostasier par intérêt ou par nécessité.

L'insistance de mon estimable contradicteur, le soin qu'il prend de souligner certains mots, prouvent que, dans sa pensée, il y a une parité à établir entre Condé et Orange, quant aux motifs de leur conversion au calvinisme.

Ainsi le prince d'Orange aurait changé de religion *pour prendre la place de son roi*, et M. Carlier m'emprunterait cette opinion pour la combattre.

Si j'ai dit cela, je me rétracte, ou plutôt cette rétractation est parfaitement inutile, car dans mon étude intitulée : *Huit mois de la vie d'un peuple*, j'ai dit absolument le contraire. (Voir à partir de la page 46 et notamment la note de la page 47.)

Où donc aurais-je professé cette hérésie historique ? J'ai beau me recueillir, scruter mes souvenirs, feuilleter mes livres, je ne trouve rien. Dans mes *Considérations générales* (p. 119), je trouve le passage suivant : « ... Tout « plie sous la main de fer du duc d'Albe. C'est alors que « Guillaume de Nassau comprend, avec la lucidité du « *patriotisme* et de la haine que l'enthousiasme religieux « peut seul lui fournir les moyens *de tenir tête* à des « forces écrasantes. Il se fait calviniste, sur les conseils « de Marnix de Sainte-Aldegonde (1) ».

Voilà tout, du moins autant qu'il m'en souvienne.

Quelle analogie y a-t-il entre ces deux rôles : d'une part, — rechercher uniquement le pouvoir et viser à supplanter le souverain, et, — d'autre part, — demander à l'enthousiasme religieux d'un grand parti les moyens de résister à l'oppression, à la tyrannie, à « des forces « écrasantes » qui pratiquent l'égorgement en masse ?

Poser cette question, c'est la résoudre.

---

(1) Ce passage est trop absolu. On y trouve le ton affirmatif du débutant. Je ne suis plus aussi exclusif aujourd'hui. Je pense au contraire que la politique n'a pas été pour tout dans une conversion dont les phases ont duré cinq ans.

Je reviens au prince d'Orange. Je rappellerai très-brièvement que j'ai, dans les *Huit mois de la vie d'un peuple,* exposé les points suivants :

1° Guillaume de Nassau n'est nullement décidé à la rébellion dès 1566. Il ne fomente pas les troubles et n'agite pas les provinces pour « *s'y tailler une souve-* « *raineté indépendante* ». Il ne songe, « *pour son profit* « *personnel* », ni à la rébellion ni à la lutte à main armée, qu'il considère comme « *dangereuses, impossibles et* « *impraticables même* ».

2° Bien au contraire, il cherche à obtenir la convocation des Etats généraux, à mettre le conseil d'Etat et les chevaliers de la Toison d'or entre le roi et le peuple, trop éloignés l'un de l'autre. On le voit épuiser les voies de douceur et de conciliation, éviter soigneusement tout ce qui pourrait émouvoir la fibre populaire ou exciter la colère de Philippe, condamner les excès, en punir les auteurs (il fit pendre des iconoclastes à Anvers) ; recommander l'obéissance aux magistrats, « *la soumission au* « *roi, seigneur naturel et légitime* ».

3° C'est aussi dans cet ordre d'idées qu'on le voit chercher à modérer le mouvement national, qui a l'approbation de M. Carlier, en tant que dégagé de l'élément religieux, blâmer sans cesse Brederode, Louis de Nassau et les autres impatients.

En un mot, j'ai dit tout le contraire de ce que l'on semble me vouloir faire dire.

Les jugements portés par moi sur les débuts du prince dans la carrière politique sont du reste entièrement conformes à ceux exprimés par les historiens hollandais, ainsi que le prouve le passage suivant du compte-rendu que M. Wijnne a bien voulu consacrer à mon étude ci-dessus rappelée :

« L'appréciation du caractère de Guillaume d'Orange, « dit-il *(Revue historique,* t. VIII , 392), est particu- « lièrement remarquable. La thèse soutenue par M. Pail-

« lard que le prince eut connaissance des desseins des
« membres de l'association appelée : le *compromis*, mais
« qu'il n'en est pas responsable, n'est pas du tout consi-
« dérée chez nous comme une thèse hasardée. Elle est
« entièrement conforme au sentiment de R. Fruyn, J. van
« Vloten, J.-A. Wijnne ».

§ VIII

LA CARRIÈRE DU PRINCE D'ORANGE

(SECONDE PARTIE)

A la page 54, je rencontre sur Guillaume de Nassau un
jugement plus que téméraire, qui va me fournir l'occasion de tracer l'esquisse de sa carrière jusqu'au jour
de sa mort et d'achever l'œuvre commencée dans le
paragraphe précédent. Mes observations s'adressent, au
surplus, moins à M. Carlier qu'au docteur Reinhold
Baumstark, qui représente le prince d'Orange comme
« entièrement dépourvu de toute conviction religieuse,
« dévoré d'ambition et d'égoïsme, menant légère et
« joyeuse vie... *selon le jugement que portent sur lui*
« *les plus récents écrivains protestants d'Allemagne et*
« *de Hollande* ».

Je n'ai rien à dire de ces historiens allemands dont on
ne cite pas les noms (procédé commode !), mais en ce
qui concerne les historiens protestants de la Hollande, je
suis tout d'abord tombé littéralement de mon haut. Comment, me disais-je, accorder l'assertion du docteur

Baumstark avec le compte-rendu (1) que le professeur
J.-A. Wijnne, d'Utrecht, a bien voulu consacrer à mon
étude intitulée : *Huit mois de la vie d'un peuple ?* N'est-il
pas vrai que le savant professeur parle non-seulement en
son nom, mais encore en celui de ses doctes confrères ?
J'ai voulu en avoir le cœur net et me suis adressé à
M. Wijnne lui-même, afin de connaître les noms de ces
historiens, si sévères pour celui à qui leur patrie doit
son indépendance. Chose étrange ! le professeur d'Utrecht
ne les connaît pas plus que moi. Le prince d'Orange,
m'écrit-il en substance le 3 juin 1879, n'a recueilli
que des témoignages d'admiration et de sympathie de
Groen van Prinsterer (2), de van Vloten (3), de
J.-A. Wijnne (4), de Backhuisen van den Brinck (5),
de Borgnet (6), etc. « Je ne me rappelle, ajoute-t-il,
« avoir jamais trouvé dans les livres de M. Wreede
« (éminent professeur d'Utrecht), ou de M. R. Fruin (non
« moins éminent professeur de Leyde), quelque passage
« sur Guillaume d'Orange, qui le présente comme un
« homme dépravé, menant légère vie et dépourvu de sen-
« timents religieux, etc. »

Voilà pour les historiens protestants de la Hollande,
et cette singulière trouvaille me porte à penser que, si
j'ouvrais une enquête sur les historiens protestants de
l'Allemagne, j'arriverais à un résultat identique.

(1) *Revue historique de France,* livraison de novembre-décembre
1878.

(2) *Archives et Correspondances de la maison d'Orange-Nassau.*

(3) *Nederland tydens den volks opstand tegen spanje.* — Schie-
dam, 1872.

(4) *Histoire des Pays-Bas.* — Groningue, 1873.

(5) *Études et ébauches.*

(6) *Les Pays-Bas sous Philippe II.* — Trad. hollandaise.

Je serais donc en droit de dire que, pour moi, un jugement reposant sur des bases controuvées est de nulle valeur et de nulle autorité. Cependant, puisque j'en trouve l'occasion, je vais reprendre et discuter une à une les assertions du docteur Baumstark.

PREMIÈREMENT. — *Guillaume de Nassau n'est qu'un égoïste ambitieux.*

Sur ce point, il y a lieu d'indiquer chronologiquement les titres dont le prince d'Orange fut revêtu et les pouvoirs dont il fut investi. Deux parts sont à faire : la première pour la Hollande et la Zélande, noyau calviniste qui, à partir de 1572, fit, si je puis m'exprimer ainsi, bande à part et entendit conserver une autonomie particulière et distincte; la seconde, pour les autres provinces des Pays-Bas.

En 1559, Guillaume de Nassau avait été nommé par Philippe II lieutenant-général gouverneur de Hollande, Zélande, Frise et Utrecht (stathouder). Il renonça à ces fonctions et à ce titre au commencement de 1567, lorsqu'il refusa de prêter le nouveau serment qui lui était imposé.

Le 1er avril 1572, Guillaume de la Marck, seigneur de Lummen, de Seraing, etc., et Guillaume de Blois, seigneur de Treslong, s'emparent de La Brielle. Aussitôt l'insurrection éclate dans les deux provinces ci-dessus dénommées, dans la Frise, dans la Gueldre, dans l'Over-Yssel. Le comte de Boussu, nommé stathouder de Hollande par le duc d'Albe, avait convoqué les États de la province en la ville de La Haye pour le 15 juillet. Guillaume de Nassau répond à cette démarche en convoquant pour le même jour, en la ville de Dordrecht, les députés des villes insurgées (Dordrecht, Harlem, Leyde, Gouda, Gorcum, Oudewater, Alkmaar, Enkhuysen, Medenblick, La Brielle, Edam, Monikendam, etc.). Personne ne répond à l'appel gouvernemental, tandis

que les députés des villes répondent avec empresse-
ment à l'appel de Paul Buys, mandataire du prince. Le
18 juillet, Philippe de Marnix, seigneur de Mont-Sainte-
Aldegonde, député spécial de Guillaume de Nassau,
paraît au sein de l'assemblée et exhibe ses pouvoirs. Ce
dernier est reconnu pour stathouder seul légitime de
Hollande, Zélande, Frise et Utrecht. Les représentants
des villes déclarent qu'ils useront de leur influence pour
le faire nommer protecteur de tous les Pays-Bas en
l'absence du roi. Désormais, pendant quelques années,
il va, par une fiction hardie, combattre, au nom du roi
d'Espagne, le duc d'Albe et ses successeurs. Toutefois,
fait observer Motley (1), il a si peu le goût d'accroître
son pouvoir personnel qu'il le limite de lui-même par
un acte supplémentaire aux délibérations du congrès.
Il y annonce publiquement « qu'il ne fera ni n'ordonnera
« rien sans le consentement des États, attendu qu'ils
« connaissent mieux que lui la situation et le caractère
« des habitants (2) ».

Un conseil est adjoint par les États au prince. Les
ordonnances seront rendues « de l'avis du prince
« d'Orange, stathouder, du conseil siégeant près de
« lui et du Conseil provincial de Hollande, Zélande et
« West-Frise. »

« Le 17 septembre 1573, le Conseil général avait offi-
« ciellement proposé de conférer à Orange un pouvoir
« dictatorial et sans limites, mais, un an après, les villes
« avaient commencé à sentir le progrès de leur impor-
« tance et leur libéralité diminuait à mesure que leur
« ambition croissait (3) ». Le 20 octobre 1574, Orange

(1) *Fondation de la République de Hollande*, III, 160.

(2) *Ordonnancie ende instructie van den Prince van Orange*, etc.,
dans le *Groot Placcaet Bock*, D, t. III, p. 32.

(3) Motley, *ibid.*, III, 377.

offre sa démission de tous les pouvoirs dont il était revêtu et demande aux États de se charger du gouvernement. Le 12 novembre suivant, à Delft, ceux-ci, confus et décontenancés, prient le prince de continuer « son bon « gouvernement avec le conseil établi auprès de lui », et lui offrent dans ce but, avec le titre de gouverneur ou de régent, l'autorité absolue et le commandement souverain. Cependant certaines réserves sont faites au profit des États relativement au vote des taxes et réquisitions, à la nomination des juges de la cour suprême, des juges de la cour de l'Échiquier et des fonctionnaires supérieurs. Le prince accepte le gouvernement aux conditions proposées (1).

En 1575, a lieu la première union, encore un peu vague, des provinces de Hollande et de Zélande. Voici comment elle s'opère. En mars, les États des deux provinces sont réunis à Dordrecht. Le mois suivant, six délégués dressent le plan d'union ; ce sont Jacques van der Does, Charles de Boisot, Arend de Dorp, Nicolas van der Laan, Henri Duist et l'avocat de Hollande, Paul Buys. Ils proposent de donner au stathouder « le pou- « voir absolu pendant la guerre en qualité de chef et « prince des deux provinces (2) ». Le 4 juin, est signé par les députés des États l'acte par lequel ils s'engagent à se secourir et protéger mutuellement sous le gouvernement et l'obéissance du prince. Cette disposition doit durer autant que la guerre et qu'il conviendra de part et d'autre (3).

En 1576, est conclue la seconde union entre Hollande et Zélande. Le 11 mars, les États des deux provinces s'assemblent à Delft. L'acte d'union est signé par le

(1) *Sic* Dujardin et Sellius, *Histoire de Hollande,* V, 336, 337.

(2) Résolution du 18 mai.

(3) Résolution du 4 juin 1575. — Dujardin et Sellius, V, 338.

prince et les députés des villes. Le gouvernement est conféré à Guillaume sous le titre de chef et suprême magistrat, avec pouvoir d'ordonner tout ce qui concerne la défense des provinces, aussi longtemps qu'elles seront en guerre (1).

La même année voit s'accomplir la célèbre pacification de Gand, dont malheureusement les effets furent peu durables (8 novembre 1576). Il est stipulé dans l'acte de pacification que le prince demeure « amiral de la mer et « gouverneur pour Sa Majesté en Hollande, Zélande, « Bommel et autres places associées, pour y commander « en tout ainsi qu'il fait présentement et ce sur les villes « et places que Son Excellence tient à présent ». Cet état de choses doit subsister jusqu'à ce que les États généraux en aient décidé autrement.

Le 23 (ou le 29) janvier 1579 (2), l'union d'Utrecht est proclamée du balcon de l'hôtel échevinal de cette ville. Par là, la Hollande, la Zélande, Utrecht, les Ommelandes, la Frise entre l'Ems et les Lauwers, la Gueldre, le comté de Zutphen forment une union particulière et plus étroite, sans se départir de l'union générale résultant de l'édit de pacification. Guillaume accepte l'union d'Utrecht, à Anvers, le 3 mai 1579, bien convaincu, disent Dujardin et Sellius, qu'elle ne préjudicie ni à l'autorité ni à la dignité de l'archiduc Mathias. Il est choisi pour chef des confédérés. Jean de Nassau, son frère, est son lieutenant.

Dans cette même année, Philippe II et l'empereur tâchèrent, au cours des conférences de Cologne, d'acheter Guillaume ou, si l'on aime mieux, de le détacher de son œuvre. On lui offrit de lui rendre tous ses biens, de

____

(1) Résolutions des 23 mars et 28 avril 1576.

(2) Dujardin et Sellius donnent la date du 29 janvier pour la proclamation. Il y a en effet des résolutions ou actes successifs qui vont du 18 au 29 janvier.

mettre son fils, le comte de Buren, en liberté, de lui accorder le droit de pratiquer le culte réformé, de payer toutes ses dettes, de rembourser toutes ses avances. Ce fut en vain. Entre les provinces insurgées du Nord et lui, il y avait pacte de vie et de mort. « Ni pour les « biens, ni pour la vie, ni pour femme, ni pour enfant, « il n'eût voulu mesler en son breuvaige une goutte de « trahison (1) ».

Le 29 mars 1580, l'assemblée des États de Hollande et de Zélande déclare qu'elle ne se prêtera jamais à une négociation avec le roi d'Espagne, tant qu'on prendra sa souveraineté comme base de l'arrangement. Par la même résolution, elle décide qu'à l'avenir on substituera dans tous les actes publics le nom et le sceau de Guillaume à ceux de Philippe II. Presque au même moment, les États d'Utrecht votent la même mesure. Toutes ces offres ayant été rejetées par le prince d'Orange, les délibérations restent secrètes (2).

Nous produirons plus loin un document établissant jusqu'à l'évidence que la résolution prise par Guillaume était contraire aux vœux du pays.

Dans la même année, nous rencontrons l'exécrable ban de Philippe II, provoquant à l'assassinat du prince d'Orange (daté de Maestricht, 1580) (3). Ce ban devait

---

(1) Apologie.

(2) Motley, *ibid.*, IV, 413.

(3) « Et affin mesmes que la chose puisse estre effectuée tant plus « promptement et pour tant plus tost délivrer nostre dit peuple de « ceste tyrannie et oppression, veullant appremier la vertu et chas- « tier le crime, promettons en parole de roy et *comme ministre de* « *Dieu,* que, s'il se trouve quelcun de nos subjetz ou estrangers, si « généreux de cœur et désireux de nostre seurté et bien publicq, « qui sache moyen d'exécuter nostre dite ordonnance et de se faire « quicte de ceste dite peste, le nous délivrant mort ou vif ou luy « ostant la vie, etc... » Encore une fois, demanderons-nous à nos contradicteurs, quel est donc ce Dieu qui permet l'assassinat et est censé choisir un pareil ministre ?

avoir, en ce qui concerne l'élévation du prince d'Orange, un effet presque immédiat.

Plus les Hollandais et les Zélandais sentent menacée une tête si précieuse, plus ils éprouvent le besoin de sortir du provisoire et de fonder un établissement solide.

En 1581, la situation est mûre pour « l'abjuration » de la souveraineté espagnole. Dès lors les titres et pouvoirs de Guillaume vont changer de nature, car il ne peut plus rester le lieutenant, le stathouder d'un souverain déchu. Le 5 juillet, le prince accepte la souveraineté des comtés de Hollande et Zélande. Le 24 juillet, Guillaume et les députés des deux comtés réunis à La Haye échangent leurs serments d'allégeance. Le 26, est proclamée l'indépendance des deux provinces vis-à-vis de l'Espagne.

Le prince d'Orange n'avait accepté ladite souveraineté que *ad tempus* et aussi longtemps que la guerre durerait, mais il paraîtrait que cette clause restrictive fut abolie par une résolution des États de Hollande et Zélande prise à l'insu du prince (1).

En 1582, la sauvage proclamation de Philippe II porte ses premiers fruits. La vie de Guillaume est menacée par le pistolet de Jean Jauréguy (Anvers, 18 mars). Cet attentat va, par un contre-coup naturel et comme par une représaille légitime, provoquer l'avénement du prince à la souveraineté définitive. Le 30 mars 1583, est signé le projet de « capitulation », par lequel les États de Hollande, Zélande et Frise s'engagent à le recevoir comme « comte « et seigneur, sans qu'il soit tenu d'hommage ni de ser- « vice envers aucune personne sur la terre ». Orange accepte et va devenir le successeur des anciens comtes de Hollande et de Zélande, mais alors encore il tient à marquer la différence en restreignant son pouvoir. Il déclare donc qu'il entend se soumettre aux clauses res-

(1) Motley, *ibid.*, IV, 415. — D'après Kluit, I, 213, 214.

trictives du traité conclu à Bordeaux avec le duc d'Anjou
(il va en être parlé) et aux dispositions encore en vigueur
de la joyeuse entrée de Brabant.

Dans le mois d'août suivant, nous rencontrons, toujours
dans le même sens, une remontrance solennelle des États
de Hollande et de Zélande. En même temps, les États des
autres provinces unies (c'est-à-dire régies par l'union
d'Utrecht), réunis à Middelbourg, offrent au prince la lieu-
tenance générale. C'est la souveraineté déguisée ou, si
l'on aime mieux, un acheminement vers la souveraineté :
Guillaume prend un biais dilatoire. Il répond qu'il faut,
avant de lui offrir ce titre, consulter les conseils de toutes
les grandes villes, ainsi que les États des provinces non
représentées à Middelbourg.

On sait du reste qu'il ne put être installé dans cette
souveraineté définitive sur Hollande et Zélande. Le pistolet de Balthazar Gérard, chargé et armé par Philippe II,
y mit bon ordre. Lorsque Orange se sentit frappé à mort,
il s'écria : « Mon Dieu ! prends pitié de ce peuple ! »
Voilà l'ambitieux dénoncé par M. Baumstark !

Nous avons essayé de décrire les rapports politiques
du prince avec les États septentrionaux des Pays-Bas.
Nous avons montré que les étapes parcourues par lui
avaient été longues et espacées. Les résultats de cette
étude minutieuse et difficile sont entièrement conformes
au jugement que vient de porter sur notre héros un
critique-historien distingué (1) de notre pays : « Orange,
« dit-il, repoussa toujours plutôt qu'il ne les rechercha
« les dignités que lui offrirent les provinces ».

Voyons maintenant quel rôle il joue dans les provinces
du Midi. Ici, la démonstration va devenir saisissante.

Que fera nécessairement un sujet qui se révolte « pour

(1) M. Auguste Laugel. — Article sur Mottley, *Revue des Deux-
Mondes*, — livraison du 15 août 1879, p. 927.

« prendre la place de son roi », car c'est bien de cela qu'il s'agit d'après nos contradicteurs ? Il marchera vers le trône plus ou moins directement, plus ou moins obliquement, mais ce qui est bien certain, c'est qu'avant tout il s'efforcera d'écarter tout compétiteur. Or, dans la politique de Guillaume de Nassau, c'est le contraire qui apparaît.

M. van Praet a, le premier peut-être, fortement insisté sur ce caractère idiosyncrasique. Nous-même n'avons eu garde de l'omettre (1). Nous allons reprendre la démonstration, de manière à la rendre, si possible est, définitive.

Les Pays-Bas, pour résister aux efforts répétés et persistants de l'Espagne, ont besoin d'un protecteur puissant à l'étranger. Il faut qu'ils le trouvent et ils le trouveront, car ils sont « comme une belle fille qui ne manque pas d'adorateurs ». Là est le nœud de toute cette politique ; il ne faut pas le chercher ailleurs.

En 1575, entre les négociations de Bréda et la pacification de Gand, Orange réussit à faire partager son opinion sur le protectorat aux États de Hollande et de Zélande. Ceux-ci réunis à Delft reconnaissent à l'unanimité qu'il y a lieu d'abjurer la souveraineté espagnole, et de laisser au prince d'Orange le soin de chercher un protecteur aux provinces insurgées. Aussitôt les tentatives se multiplient. La première idée qui vient est de réincorporer à l'Empire les Pays-Bas qui, autrefois, en avaient relevé. On parle de faire partir des députés avec le comte de Schwarzembourg, commissaire impérial, mais le projet n'a pas de suite, don Luis de Requesens ayant refusé un sauf-conduit à ces députés qui venaient de prendre part aux conférences de Bréda.

D'un autre côté, Sainte-Aldegonde et le docteur Junius

(1) *Huit mois de la vie d'un peuple.*

sont envoyés en France. Pour faire échouer cette négociation, Elisabeth expédie Daniel Roggers dans les Pays-Bas. Un mouvement d'opinion s'opère alors. En novembre 1575, Sainte-Aldegonde, Paul Buys et François Maalzon partent pour l'Angleterre. Le 19 avril 1576, ils rendent compte aux Etats de leur mission qui n'a pas abouti et ne pouvait aboutir, Elisabeth étant trop hésitante, trop partagée entre la crainte de se compromettre et le désir de s'ériger en protectrice (1).

Dans le même ordre d'idées, nous devons mentionner la mission vers les cours du Nord et les princes luthériens allemands de Léonard Casembroot et d'Adrien Kromhout (2).

Le second essai de protectorat est tenté avec l'archiduc Mathias, frère puîné de l'empereur Rodolphe. Cette fois, l'initiative ne vient pas du prince d'Orange, elle procède des grands seigneurs catholiques des Pays-Bas qui, bon gré mal gré, ont accepté la pacification de Gand, mais qui tiennent Guillaume en défiance à cause de son abjuration. A l'insu du prince, ils envoient un ambassadeur à l'archiduc. Mathias sera gouverneur général et exercera le pouvoir au nom des États généraux des dix-sept provinces. En cette qualité, il prêtera serment aux États *et au roi*.

Quelle sera la conduite du prince ? S'il veut le pouvoir pour lui-même, il paralysera l'action de ses adversaires plus ou moins déclarés ; il interdira à son rival l'accès des Pays-Bas. Quelle obligation a-t-il envers lui ? Mathias n'a-t-il pas été appelé à son insu ? N'a-t-il pas, pour ainsi dire, été évoqué, suscité contre lui ? Si Orange le veut, il peut rester le maître. Les États de Brabant

---

(1) La réponse louvoyante d'Élisabeth est datée du 18 mars 1576.

(2) Dujardin et Selllus. — *Ibid.*, t. V, 374.

viennent de lui en fournir le moyen, en faisant de lui
le « *ruward* (1) » de leur province (22 octobre 1577).

La conduite du prince est tout autre.

Mathias, qui rêve de grandes destinées, a accepté les
propositions des grands seigneurs catholiques. Il s'évade
de Vienne dans la nuit du 1ᵉʳ au 2 octobre 1577 et arrive
à Anvers à la fin du mois. C'est en ce moment surtout
que son sort est entre les mains du prince d'Orange. Les
députés des États généraux sont divisés. Les uns pen-
chent vers un accommodement avec don Juan d'Autriche;
les autres vers un traité avec le duc d'Anjou (2), mais le
prince a pris son parti. Il entre à Anvers à la tête de deux
mille chevaux et met fin à toutes les hésitations. S'il eût
agi différemment, dit Motley, Mathias aurait pu être forcé
de reprendre la route de Vienne.

Tant que Mathias resta gouverneur général, Guillaume
fut son lieutenant, *sous réserve de l'approbation du roi,*
en même temps qu'il fut maintenu comme ruward de
Brabant.

Quelques années après, l'archiduc, n'étant pas soutenu
par l'Empire, devient impossible et doit retourner en
Allemagne. Il s'était du reste comporté en galant homme,
n'avait cherché à éluder aucun de ses serments, et il est
bien permis de reporter, du moins pour une grande partie, à Guillaume de Nassau, le mérite de cette loyauté.

La première place est encore une fois libre. Le prince
d'Orange voudra-t-il l'occuper ? Il le pourrait, il le
devrait même, disent presque tous les historiens, et en
effet, c'est ici que trouvent leur place des documents
très-sérieux et des considérations irréfragables.

(1) Ces fonctions de « ruward » n'étaient pas bien déterminées.
Ce mot a généralement, disent les auteurs, le sens de dictateur.
Dans le moyen âge, le titre de « ruward » de Brabant était généra-
lement dévolu à l'héritier du duc.

(2) Dujardin et Sellius, V, 448.

Le peuple des Pays-Bas n'avait supporté Mathias aussi longtemps que parce que Guillaume le voulait ainsi, mais il savait où était la véritable force, la véritable autorité, car il avait donné à l'archiduc la qualification de « greffier du prince ». Après le départ de l'allemand, il aurait voulu substituer la réalité à la fiction gouvernementale. Orange était appelé par le vœu presque général au pouvoir suprême. « Ces provinces, écrit le 19 avril 1580 le comte « Jean de Nassau (frère puîné de Guillaume) au comte « Ernest de Schauenbourg, sont très peu disposées à « entrer en arrangement avec le duc d'Alençon. La majo-« rité se sent beaucoup plus portée à choisir le prince « que l'on supplie journellement et sans relâche de don-« ner son consentement. Cependant Sa Grâce n'y consen-« tira en aucune façon, non par crainte des conséquences, « telles que perte de biens et accroissement de périls, « car il est plongé dans cet abîme aussi profondément « qu'il pourra l'être jamais. Il refuse uniquement par ce « motif qu'on ne puisse pas supposer qu'au lieu de la « liberté religieuse pour le pays, il a cherché un royaume « pour lui-même et pour son profit personnel. En outre, « il croit qu'une alliance avec la France sera bien plus « utile au pays et à la chrétienté qu'une paix quelconque « avec l'Espagne, qu'une acceptation de la souveraineté « pour lui-même, comme on voudrait qu'il fît (1) ».

Rien de plus grave que ce témoignage du frère, du confident du prince d'Orange. Aussi, comme nous l'avons dit, les historiens sont-ils presque unanimes pour blâmer l'abstention de Guillaume. En effet, il n'avait de raison plausible pour refuser la souveraineté qu'on lui offrait, qu'autant qu'il aurait professé des opinions républicaines, ou qu'il les aurait vu professer par ses concitoyens. Or,

(1) Lettre en allemand. — Groen van Prinsterer. — Archives et corresp. de la maison d'Orange-Nassau, VII, 327.

tel n'était point le cas. Nous avons vu plus haut les populations rigides et puritaines de la Hollande et de la Zélande vouloir à toute force investir Orange du pouvoir suprême. Les provinces du Midi étaient non moins monarchiques que catholiques, ce qui causa la rupture de la pacification de Gand. Enfin Orange croyait à la nécessité d'un chef exerçant le pouvoir exécutif par délégation des États. Il ne considérait même la résistance comme possible qu'à ce prix : « Quant à gouverner ces provinces « par la forme républicaine, eut-il occasion de dire publi- « quement, ceux qui connaissent la condition, les privi- « léges et les lois de ce pays peuvent aisément com- « prendre qu'il est impossible de se passer d'un chef (1) ».

Et cependant son parti était pris. Il allait exécuter son plan favori, faire appel au protectorat français. Pourquoi ? Parce que non-seulement il n'était pas ambitieux, mais encore parce qu'il voulait écarter toute accusation, si injuste fût-elle, d'ambition.

On négociait avec François Hercule, duc d'Anjou, depuis 1578 (Convention de Mons, 13-20 août 1578.) (2). En 1580, Mathias était usé. Son départ ne pouvait tarder. Orange crut que le moment était venu de réaliser des projets caressés depuis longtemps. Le prince, qu'il avait en vue, n'était plus, comme l'archiduc, une ombre de souverain. C'était le frère du roi de France, un prince du sang royal, et il devait apporter aux Pays-Bas l'alliance d'un grand pays. Guillaume, qui, ainsi que le dit M. Laugel, fut, dans son rôle, tantôt conscient et tantôt inconscient, allait commettre la plus grave des erreurs, car le misérable Valois, qu'il conviait à couronner son œuvre, était capable de toutes les trahisons et de toutes les perfidies.

(1) Motley, IV, 368, d'après Bor, XIII, 93.

(2) Le duc est proclamé protecteur des Pays-Bas. — Il doit fournir 10,000 piétons et 2,000 chevaux pendant trois mois.

Quoi qu'il en soit, les Etats généraux envoient en France Marnix de Sainte-Aldegonde, le docteur Hessels, le seigneur de Dolhain, le pensionnaire de Gand, le bailli de la Vere, etc. Ces députés concluent avec le duc le traité de Plessis-lez-Tours (29 septembre 1580), ratifié à Bordeaux le 23 janvier 1581. Le duc s'engage à procurer aux Pays-Bas la protection du roi de France et à maintenir entre les deux pays une alliance complète et perpétuelle, sans aucun échange ou incorporation de territoires.

Remarquons cependant que les provinces de Hollande et Zélande, qui ne veulent pour souverain que leur ancien stathouder, se tiennent à l'écart et refusent de reconnaître le duc. Il faut, pour les décider, que celui-ci leur donne les lettres réversales du 22 février 1581 où il est dit que les deux provinces ne sont assujetties à l'union générale qu'en ce qui concerne la guerre, les monnaies, les contributions et subsides (1), etc. Encore est-il déclaré dans le traité « qu'elles resteront en tel estat qu'elles « sont présentement, tant pour la religion que pour toutes « autres choses ».

Le Valois arrive d'abord avec l'armée qu'il a levée en France dans la partie occidentale des Pays-Bas, entre à Cambrai qu'il débloque, prend ses quartiers d'hiver vers Calais et le long de la côte, puis passe en Angleterre pour y poursuivre son rêve chimérique de mariage avec Elisabeth. Il quitte Londres le 1ᵉʳ février 1582, leurré comme le furent tous les prétendants de la « Vestale du Nord », débarque à Anvers le 17 du même mois, jure la joyeuse entrée, est reconnu comme duc de Brabant et marquis du Saint-Empire (pour Anvers). Orange le reçoit, le revêt du manteau traditionnel et lui dit, en le lui attachant fortement au col : *Je veux qu'il tienne si bien que*

.

(1) C'est aussi l'objet de l'article 13 du traité du Plessis.

personne ne soit tenté de vous en dépouiller. Anjou est un véritable souverain. Il sera duc, marquis, comte, seigneur, suivant que les provinces, qu'il est appelé à gouverner, auront été, avant leur incorporation à la monarchie bourguignonne, des duchés, des marquisats, des comtés, des seigneuries. Il est le successeur légitime des anciens souverains du pays. Seulement Orange et les États attendent de lui qu'il respecte les vieilles constitutions des provinces, qu'il observe dans leur esprit et dans leur lettre les traités signés de son nom.

Ce n'est pas ainsi que l'entend Anjou. Ces provinces, il aspire à se les approprier. Il veut régner au même titre que son frère. De là la « furie française » d'Anvers (17 janvier 1583).

Il semble, après cette criminelle échauffourée, que le parjure n'ait plus qu'à retourner en France, mais Orange est tenace. Il s'obstine à chercher un moyen de réconciliation, publie en ce sens sa lettre du 17 février 1583, négocie entre Anjou et les États généraux le traité du 18 mars (1). On négociait encore lorsque, le 10 mai 1584, le Valois mourut à Château-Thierry.

Ajoutons pour ne rien négliger, qu'en 1579, Guillaume avait refusé le stathoudérat des Flandres et qu'en 1583, il déclina de même celui de Brabant, qui lui était offert par Jacob Swerius et autres députés des États de la province (2).

On peut maintenant saisir d'un coup-d'œil toutes les étapes de la carrière de Guillaume de Nassau. Il accepte la souveraineté de Hollande et Zélande, après onze ans de luttes et de transitions. Partout ailleurs, il se dérobe.

---

(1) Sismondi donne la date du 18 mars au traité de Dendermonde ou de Termonde. Dujardin et Sellius donnent la date du 28. Motley, celle du 26 ou du 28.

(2) Motley, *ibid*, IV, 503, d'après Wagenaer.

Leurré par son plan de protectorat qu'il n'abandonna jamais, il subit les fluctuations de la politique anglaise, abandonne avec les meilleures intentions du monde le pouvoir suprême à des mains débiles ou indignes. Il se sent poursuivi par la jalousie et la défiance des grands seigneurs catholiques, qui ne veulent qu'une chose : être débarrassés des espagnols. Aussi exagère-t-il les scrupules et le désintéressement, jusqu'à ce degré où ils peuvent être funestes à la patrie (1).

Dire que Guillaume de Nassau, qui, suivant M. Laugel, « glissa de la fidélité dans la résistance plutôt qu'il ne se « précipita dans la révolte », a prémédité cette rébellion et y a persévéré pour se substituer à son souverain, c'est produire une opinion démentie par tous les faits, contredite par tous les enseignements de l'histoire.

DEUXIÈMEMENT. — *Guillaume de Nassau est complétement dépourvu du sentiment religieux.*

Il explique lui-même en son apologie que, pendant sa jeunesse, il s'est surtout préoccupé d'acquérir de la gloire par les armes, qu'il s'est laissé distraire par ses goûts de faste et par les futilités mondaines. Ses dispositions morales changent dès 1567, lorsque l'adversité, la ruine, l'exil le frappent en même temps. Sa correspondance prend alors un caractère religieux de plus en plus marqué et lui donne une ressemblance chaque jour plus frappante avec un grand patriote, un grand chrétien, une grande victime, l'amiral de Coligny. Je ne puis entrer, on le comprendra, dans les détails et suis obligé de renvoyer le lecteur aux sept ou huit volumes de lettres publiées par M. Gachard. Cette correspondance respire,

(1) C'est l'avis de M. Laugel — article précité — : « La persistance « avec laquelle il travailla pour unir les provinces sous le sceptre « du duc d'Anjou, le montre (Orange) *peut-être* trop désintéressé », *Peut-être* est, à notre avis, de trop.

surtout après les désastres de Mook et de Gemmingen,
la patience, l'abnégation personnelle, la résignation chrétienne, une confiance inaltérable en Dieu (1).

Le principal argument du docteur Baumstark et de
ceux qui suivront sa bannière réside, cela est facile à
saisir, dans les trois abjurations successives de Guillaume. Par malheur, elles ne signifient rien.

Le prince d'Orange avait été élevé à Dillenbourg, dans
la religion luthérienne, par son père, le comte Guillaume,
dit le Vieux. Charles-Quint, qui l'aimait beaucoup (2) et
qui fit sa fortune en consentant à l'exécution du testament
de son cousin germain, René de Chalon (blessé mortellement sous Saint-Dizier, le 14 juillet 1544), le força à
devenir catholique, ou plutôt à revêtir les apparences du
catholicisme, mais il ne put rien sur son for intérieur et
c'est pourquoi nous voyons, surtout de 1562 à 1566,
après son second mariage avec la luthérienne Anne de
Saxe, Guillaume d'Orange surveillé de près, espionné
successivement par le cardinal Granvelle, par Marguerite
de Parme et même de loin par le roi, « contrefaire le
regnard (3) » et se conduire de telle façon que l'on était
fort embarrassé pour décider s'il était catholique ou
luthérien. Mais, dira-t-on, il devait confesser sa foi,
subir la ruine, l'exil et s'honorer par le sacrifice de tous
les honneurs humains. Il prouva plus tard qu'il était
l'homme de tous les sacrifices, mais, en 1562, les temps
n'étaient pas venus. Le prince se croyait nécessaire à son
pays ; il n'entendait le quitter qu'à la dernière extré-
mité et après avoir épuisé tous les moyens de politique.

(1) J'ai cité des extraits de cette correspondance dans mon livre
intitulé : *Huit jours en Hollande*, p. 51.

(2) Il s'appuya sur son épaule le jour de son abdication à Gand,
en 1555. — Voir le célèbre tableau de Louis Gallait au musée de
Bruxelles.

(3) Pontus Payen.

D'ailleurs, qui faut-il amnistier de celui qui subit la contrainte ou de celui qui l'impose ?

Quoi qu'il en soit, à cette époque, les principes du luthéranisme couvaient au plus profond de sa conscience. « Quant à ceus qui avoient la cognoissance de la religion, « dit-il dans son apologie, je confesse que je ne les ai « jamais haïs, car puisque dès le berceau j'y avoie esté « nourri, monsieur mon père y avoit vescu, y estoit mort, « qui est-ce qui trouvera estrange si ceste doctrine estoit « tellement engravée en mon cœur et y avoit jecté telles « racines *qu'en son temps* elle est venue à apporter ses « fruictz ? »

A mesure que le temps marche et que les événements se dessinent, Orange s'avance dans cette voie, attiré vers le passé qu'il n'a jamais oublié. En 1566, il est nettement luthérien. Il le prouve par sa condescendance pour les luthériens d'Anvers, et d'ailleurs M. Groen van Prinsterer a, dans ses *Archives de la maison d'Orange-Nassau*, publié des lettres adressées à cette date par Guillaume à des princes allemands, lettres qui ne peuvent laisser subsister aucun doute à ce sujet (1).

Plus tard il passe du luthéranisme au calvinisme. Il y a à cela deux raisons : la première c'est que la *rigidité* calviniste devait attirer ce caractère *rigide,* cette âme méditative et repliée sur elle-même par l'adversité. A cet ordre d'idées se rattachent son goût pour l'Évangile, dont il faisait sa lecture favorite, ses entretiens incessants avec des théologiens et des pasteurs réformés comme aussi avec Marnix de Sainte-Aldegonde. Ce serait d'ailleurs commettre une erreur grossière que de nous représenter Guillaume comme passant d'un bond, avec précipitation, sous l'influence d'un enthousiasme qui n'était pas dans sa nature, de la réformation de Luther à la

(1) Voir à la page 51 de mon étude : *Huit mois de la vie d'un peuple.*

réforme de Calvin. La transition fut longue et réfléchie. Ce fut seulement le 23 octobre 1573 qu'il entra publiquement dans le calvinisme.

La seconde raison est, je le reconnais, politique. Le prince avait son point d'appui dans la Hollande et la Zélande, peuplées d'ardents calvinistes. Le chef embrassa la religion de ses soldats, pour se les attacher plus étroitement.

C'est ici que l'historien sera forcément amené à établir un parallèle entre Guillaume de Nassau et notre Béarnais. Si usée que soit cette forme littéraire, je n'hésiterai pas à y recourir, parce qu'elle donnera des résultats frappants.

Peut-on voir dans Henri IV un néophyte bien fervent, lui qui 1° avait été élevé dans le calvinisme par sa mère, Jeanne d'Albret ; 2° avait dû embrasser le catholicisme après la Saint-Barthélemy, pour sauver sa, liberté et peut-être sa vie (1) ; 3° était retourné au calvinisme après son évasion de la cour de France (20 février 1576) (2) ; 4° et enfin s'est définitivement converti au catholicisme en 1593. Dans ces changements géminés n'y a-t-il pas plus de politique que de conviction ?

Suivant moi, sans Charles-Quint et sans le duc d'Albe, le prince d'Orange serait resté toute sa vie un parfait luthérien ; ce fut Charles-Quint qui, parlant en maître, le força à faire montre d'un catholicisme qui ne dépassa jamais l'extérieur, et ce fut la dictature du duc d'Albe

---

(1) Il fut le catéchumène de Hugues Sureau du Rosier, qui, par peur avait abjuré le calvinisme. Notons que bientôt après, du Rosier, envoyé par le duc de Montpensier vers la duchesse de Bouillon, sa fille, qu'il s'agissait aussi de convertir, ne se vit pas plutôt en liberté qu'il retourna au protestantisme. Tout cela indique ce que valaient ces abjurations faites sous le coup de la contrainte et de la peur.

(2) « Je ne retourne plus à Paris si l'on ne m'y traîne », dit Henri de Navarre après avoir passé la Loire. « J'ai laissé à Paris la messe « et ma femme. Pour la messe j'essayerai de m'en passer, mais, ma « femme, je veux la ravoir ».

qui, par action réflexe, fut l'une des causes et peut-être
la principale de son entrée dans la religion évangélique.
De même, sans la Saint-Barthélemy, sans les derniers
Valois, qui sont abominables, quand ils ne sont pas
repoussants, Henri de Navarre serait resté calviniste
jusqu'en 1593, sans solution de continuité.

Qui oserait blâmer aujourd'hui la conversion de
Henri IV au catholicisme? Personne, pas même les calvinistes les plus farouches. Il ne faudrait pas avoir le
cœur patriote pour protester contre cet acte, tout politique, je le veux bien, mais qui a eu pour effet de rendre
la France à elle-même, de l'arracher aux étreintes de
Philippe II, de faire rentrer dans le néant les ligueurs et
les débris de la maison de Guise, c'est-à-dire des vendus,
des démagogues de la pire espèce, des traitres avérés.

Si je ne puis blâmer Henri IV, comment pourrais-je
tenir une conduite différente vis-à-vis du prince d'Orange?
Dira-t-on que l'analogie n'est pas parfaite, que Philippe II
était souverain légitime des Pays-Bas. Est-ce que des
atrocités comme celles commises par le duc d'Albe ne
délient pas peuples et individus de leur serment de fidélité? Est-ce que les pouvoirs conférés à Orange ne
sortent pas des entrailles mêmes de la nation et ne valent
pas bien un titre héréditaire? Je trouve même que, sur
ce terrain de la conversion, le Taciturne fait meilleure
figure que le Béarnais. Il n'a pas dans son dossier de
lettre analogue à celle où Henri écrit à Gabrielle d'Estrées:
« Ma mie, ce sera dimanche que je ferai le saut périlleux ».
A partir de sa conversion, le roi de France resta ce qu'il
était foncièrement, un sceptique de beaucoup d'esprit,
sachant très-bien ce qu'il voulait, très-fin sous son appa-
rente bonhomie, pratiquant facilement l'ingratitude mais
sans l'ériger en maxime, se défiant au surplus des maximes
qui sont des abstractions inutiles en politique, puisque
celle-ci n'est que la science du possible, menant tout le
monde par ses gausseries et se tirant des mauvais pas

avec des bons mots. Guillaume, au contraire, nous l'avons déjà dit, devient de plus en plus recueilli, de plus en plus austère, de plus en plus *chrétien*.

Il est inutile d'ajouter que je me refuse à voir en Guillaume un homme « dévoré d'égoïsme ». Il appartient à la race très-clairsemée des fondateurs de nations. Qu'on me montre donc l'homme qui a fondé une nation en poursuivant une œuvre factice et purement égoïste !

Troisièmement. — *Il y a aussi peu de tolérance chez les protestants que chez les catholiques. Guillaume n'est pas tolérant ou chez lui la tolérance n'est qu'un masque.*

Il est parfaitement vrai que le xvi° siècle n'est pas le siècle de la tolérance. Les protestants ou réformés y sont aussi exagérés, aussi violents, aussi fanatiques que les catholiques. Calvin, qui fit brûler Servet et décréta la prédestination, n'est pas beaucoup plus « libéral », comme on dit aujourd'hui, que n'importe quel inquisiteur. Seulement, dans ce concours d'intolérance et de cruauté, je trouve que les protestants ont deux avantages sur leurs adversaires : d'abord, le nombre de leurs victimes est infiniment moins grand et, ensuite, ils n'ont fait qu'exercer des représailles. Évidemment ce n'est pas eux qui ont commencé et, d'un autre côté, les cruautés exercées en Hollande par Diederick Sonoy et Guillaume de la Marck, si odieuses qu'elles soient, ne sont rien à côté de celles imputables au duc d'Albe et même à Charles-Quint (1). Aucun parallèle surtout n'est à établir entre la persécution catholique et la persécution luthé-

____

(1) Depuis que l'on a reconnu que, sur le terrain religieux, Charles-Quint était aussi coupable que son fils, et même plus coupable au point de vue des principes, on a recherché attentivement le nombre de ses victimes. Il est supérieur au chiffre de 50,000 qui avait été généralement adopté. Au moment de la pacification de Gand, les États et Hugo Grotius évaluaient à 100,000 le nombre des victimes jusqu'à l'année 1576.

rienne. Que prouve l'appareil tortionnaire de Nuremberg et autres villes ? N'était-il pas dressé surtout contre les criminels de droit commun ?

Laissons ce point de vue , car la question n'est pas là, elle doit être posée ainsi : Guillaume est-il tolérant au milieu de l'intolérance universelle ? Je réponds affirmativement et j'espère le prouver.

Je ne reviendrai pas sur la première partie de sa carrière, sur sa haine pour l'inquisition et les placards (qui lui est commune avec beaucoup de grands seigneurs catholiques), sur ses efforts pour trouver un terrain de transaction entre les différents cultes , sur sa poursuite de la paix de religion. Tout cela est dans les *Huit mois de la vie d'un peuple*. Je prends le prince d'Orange en 1572, après la prise de La Brielle.

Lorsqu'en 1567 le prince avait dû s'exiler, il avait laissé aux protestants ou réformés des Pays-Bas (luthériens, calvinistes , anabaptistes) le conseil « de réunir en « une grande unité religieuse toutes les dissidences de « détail », et de se montrer tolérant vis-à-vis des catholiques. En 1568, au moment d'envahir le Brabant, il recommande à Jean Bazius l'observation des mêmes principes et manifeste sa répugnance pour toute persécution : « Quelles que soient les villes dont nous puis- « sions devenir maîtres, lui écrit-il, respectons autant « que nous le pourrons les communautés des papistes, « convainquons-les non par la violence, mais par la dou- « ceur et la vertu (1) ».

En 1572, après la prise de La Brielle, Guillaume assume la dictature jusqu'à la réunion du premier congrès de Dordrecht. Ses instructions à Thierry Sonoy, nommé gouverneur de Nord-Hollande et Waterlande, prescrivent

---

(1) Groen van Prinlerer.— Archives, III, 196-200. — 25 mars 1568. Lettre en allemand.

4

à celui-ci de « veiller à ce que la parole de Dieu soit
« prêchée dans ces provinces, sans que cependant aucune
« entrave soit imposée aux catholiques romains dans
« l'exercice de leur culte (1) ».

De même le serment à prêter par les magistrats et les
officiers des Ghildes contenait la clause suivante : « Ceux
« de la religion ne susciteront ni ne souffriront obstacle
« ou empêchement aux églises romaines ».

Tout cela, remarquons-le, procède de l'initiative de
Guillaume, car le congrès de Dordrecht n'est pas encore
assemblé.

Ce congrès s'ouvre le 15 juillet 1572. Marnix de Sainte-
Aldegonde s'y présente au nom d'Orange. Il déclare
« que l'intention du prince estoit que la liberté de reli-
« gion seroit permise, de telle sorte qu'un chacun, soit
« en public soit en particulier, ès églises ou chapelles,
« pourroit avoir libre exercice d'icelle. — Que les per-
« sonnes ecclésiasticques demeureroyent libres en leurs
« états, n'est qu'ils se montrassent ennemys (2) ». — La
décision du congrès est conforme à ces principes : le
libre exercice et la célébration publique du culte sont
accordés non-seulement à l'Église réformée mais aussi à
l'Église catholique romaine. Les deux clergés doivent
être protégés contre toutes les insultes (3). En conséquence Orange délivre à La Marck, accepté par le congrès
comme son lieutenant, des instructions portant qu'il doit
maintenir la liberté de religion, sous peine de mort
contre tout contrevenant (4).

(1) *Sic* Motley. — Dujardin et Sellius disent seulement que Sonoy
devait veiller à la sûreté des catholiques.

(2) Meteren.

(3) *Sic* Dujardin et Sellius. — *Ibid.*, V, 250. — D'après Bor, VI,
281.

(4) Voir dans le même sens sa proclamation à ses soldats après la
prise de Ruremonde, du camp d'Hellenrade (23 juillet 1572). —
Motley, III, 165.

La Marck, seigneur de Lummen, de Seraing, amiral des gueux de mer, avait rendu un très-grand service. C'est lui qui, en prenant La Brielle, avait réveillé, ressuscité même le sentiment national qui semblait presque éteint. Le titre de lieutenant-général du prince avait été sa récompense, mais Orange et les États ne tardèrent pas à se convaincre que leur confiance était mal placée. La Marck, descendant du fameux Sanglier des Ardennes, appartenait à une race farouche et cruelle autant que courageuse. Ses instincts féroces ne tardèrent pas à se traduire par des sévices, des tortures, des supplices infligés à des prêtres ou à des moines catholiques de Hollande (1). Le meurtre juridique de Corneille Musius, curé de Sainte-Agathe à Delft, fit déborder le vase d'iniquité. Les plaintes s'élevèrent de tous côtés. « Ceux de « Hollande, dit Meteren, se plaignirent du comte de La « Marck à cause des grandes extorsions et violences que « luy et ses gens avoient commis ; entr'autres ceux de la « religion catholicque romaine firent de grandes plaintes « touchant plusieurs personnes ecclésiastiques, tant prê- « tres que moines, *mises à mort pour venger la mort* « *d'Egmont* (2) ».

Ces plaintes furent entendues. Guillaume de La Marck et son lieutenant, Berthold Entes, furent mis en état d'arrestation (5 janvier 1573), puis enfermés d'abord au château de Gouda et ensuite à celui de Honingen, près La Haye. Après sa mise en liberté, La Marck fut privé

---

(1) Meteren cite, parmi les suppliciés, Daniel de Arendonck à Eckhuysen. — A Alkmaer, Corneille de Diest, Jean de Naerden, Ludovic Voets, Adriaan de Naerden. — Près d'Amsterdam, Ange de Turbur et Jean de Kextel. — A Ter Goude ou Gouda, Adriaan Lambertzen. — A La Brielle, Corneille Pick. — A Gorcum, Jérôme de Weert, Nicaise Hesius, Guillaume Damis, Theodoric Erindanus, Corneille de Bolduc (Bois-le-Duc), Corneille de Popel, etc.

(2) La Marck, parent de Lamoral d'Egmont, semble avoir fait vœu de venger le meurtre juridique de celui-ci sur des prêtres catholiques. On ne saisit pas cependant ce que les prêtres catholiques ont à voir là-dedans, car le procès d'Egmont fut tout politique.

de tout commandement. De même furent réprimées les cruautés commises contre de prétendus incendiaires catholiques par le tribunal institué au château de Schagen. Aussitôt que le meurtre juridique de Kopp Corneliszoon et de Pierre Nannings Koppezoon lui eût été dénoncé par la ville de Hoorn, Guillaume défendit au tribunal de continuer les procédures hors la présence des commissaires institués par lui. Tous les autres accusés recouvrèrent leur liberté au moment de la pacification de Gand.

On ne peut donc, sans tout confondre et sans offenser la vérité, rendre le prince d'Orange responsable de cruautés qu'il sut réprimer.

Le 3 mars 1575, s'ouvrent les conférences de Bréda (1) entre les représentants de Philippe II (baron de Rassenghien, Arnold Sasbout, Corneille Suys et Elbertus Leoninus) et les députés des États et villes de Hollande, Zélande, Bommel, Buren et autres cités confédérées. Parmi les dix députés, nous retrouvons Marnix de Sainte-Aldegonde, Paul Buys, avocat de Hollande, le docteur Junius et Charles Boisot.

Ces derniers sont chargés, au point de vue religieux, de proposer les solutions suivantes :

1° Tous les placards (édits religieux de Charles-Quint et de Philippe II) sont abolis.

2° La religion réformée continuera d'être pratiquée en Hollande et en Zélande comme elle l'est actuellement. Aucun autre culte n'y pourra être exercé.

3° Si l'on ne peut pas avoir la liberté de religion, que du moins les consciences soient libres. — Que l'on ne

____

(1) Voir auparavant les conférences secrètes du prince avec Marnix de Sainte-Aldegonde, Champagney (Frédéric Perrenot), Junius de Jonge et Elbertus Leoninus, professeur à Louvain. Le prince remet aux États généraux le soin de décider sur les affaires de la religion, mais, ajoute-t-il, le peuple ne se contentera pas de moins que la liberté des cultes tout entière.

soit pas obligé de se marier devant un prêtre ou de faire baptiser par lui. — Qu'on puisse faire en sa maison des « prières ecclésiastiques sans en estre reprins » et enterrer les morts en telle manière et en tel lieu que chacun trouvera bon, etc. (1).

Philippe II refuse de faire aucune concession sur la question de dogme et de culte. Tout ce qu'il peut accorder, et encore pour cette fois seulement, c'est que ceux qui ne voudront pas vivre dans le catholicisme pourront sortir du pays et vendre leurs biens dans un certain délai.

Refus des députés hollandais et zélandais. Le 20 mars, ils protestent contre la qualification d'hérétiques qui leur est infligée : « Samble, disent-ils, que la présente religion « soit tenue pour hérésie et les observateurs de la mesme « religion pour héréticques, combien que ne s'y exerce « aultre religion que la catholicque et appostolicque, cor-« respondante au sainct Évangile et à la doctrine de « Dieu, en quoy ung chascun est consolé et à repos, « n'ayant rejecté rien fors que les manifestz et grandz « abuz et mésuz desplaisans devant tout à Dieu, pour « donner à Dieu ce qui est à Dieu et au Roy ce qui est « au Roy (2) ».

Le 1er juin 1575, ils refusent d'abandonner leur patrie et de renoncer à la religion réformée, promettant d'ailleurs, suivant l'expression de Meteren, « toute obéissance séculière » :

« Et attendu que ausdicts prince, estatz et inhabitans « de Hollande et Zélande, avec leurs associéz (parlant « librement), ne vient encoires à commodité d'aban-« donner leur chère patrie aussi bien comme l'exercice « de la religion réformée et amplectée, supplient qu'il

____

(1) Je résume d'après Meteren, car toutes les instructions sont en hollandais.

(2) Gachard, *Correspondance de Philippe II*, III, 659.

« plaise à Sa Majesté (comme à ung prince et chief
« chrestien affiert) de une fois et en parfin (regardant
« d'ung œil clément le grand zèle et saincte intention
« de ses loyaulx subjectz, en ce faict de la conscience,
« dont à Dieu seul se doibt rendre compte), faire cesser
« le feu et le glaive par lesquelz ses subjectz et membres
« ont jusques à présent esté si cruellement déléz et mis
« à mort, et promectent, *en tout aultre debvoir séculier,*
« de obéir et servir à Sa Majesté tant et plus que leurs
« prédécesseurs ont oncques en aulcun temps obéy et
« servy aux avanciers de Sa Majesté ».

Au surplus, sur ce point de la religion, ils déclarent
s'en remettre à la décision des États généraux :

« Et combien que ceulx d'entre eulx, qui ont accepté et
« professent la réformée et vraye et apostolicque reli-
« gion, auriont plus cher la perte de leurs corps et biens
« que en façon quelconque renier ou abandonner ladicte
« religion, lesdicts prince, estatz et villes, avec leurs
« associéz, sont néantmoins par ensemble contents que
« tant icelluy poinct comme celluy des asseurances et
« tous aultres poincts et différens... soient traictéz et
« déterminéz en la légittime assamblée des Estatz géné-
« raulx de tous les pays ».

L'entente est reconnue impossible. Le roi peut bien
faire des concessions politiques, accorder le rappel des
troupes espagnoles et la convocation des États, mais, en
matière religieuse, il ne se croit pas le droit de concéder
« un iota », parce qu'en montant sur le trône, il a juré
de maintenir la sainte église. Ceux donc qui voudront
partir auront pour cela terme de six mois, « et ce pendant
ils se tiendront sans aucun scandale ». On leur accordera
huit ou dix ans pour vendre leurs biens, pourvu qu'ils en
laissent l'administration à des catholiques romains (1).

----

(1) Gachard, *Ibid.* III, 723 à 726.

En conséquence, le 24 juin 1575, les députés du prince (1), ainsi que ceux des états de Hollande et de Zélande se retirèrent. Ils revinrent quelques jours après à Bréda pour tenter un nouvel effort qui resta infructueux et la conférence prit définitivement fin vers le 15 juillet (Motley dit : le 13) (2).

Nous rencontrons en 1575, à propos de la première union de la Hollande et de la Zélande, une particularité curieuse et qui jette sur les sentiments de tolérance du prince une clarté bien précieuse. L'article 15 de l'acte d'union porte en substance : « Le prince doit protéger « l'exercice de la religion évangélique (dans les deux « provinces) et suspendre celui de tout culte contraire « à l'Évangile. Il ne peut permettre aucune inquisition « dans les croyances ou la conscience de qui que ce soit, « ni aucun trouble, injure ou préjudice envers personne « pour cause de religion (3) ».

Or la proposition des États portait que, dans les deux provinces, Orange veillerait à l'exercice de la religion évangélique *et suspendrait celui de la religion catholique romaine*. Il n'admit point cette rédaction étroite et exclusive pour deux raisons, l'une religieuse, l'autre politique ; la première, parce qu'il se refusait absolument à persécuter les catholiques ; la seconde, parce qu'il voulait conserver, au point de vue de la lutte contre l'Espagne, l'appui des grands seigneurs professant cette religion.

---

(1) On peut et l'on doit même dire : *Les députés du prince et des États*, parce que, du côté des deux provinces, les décisions étaient prises par cinq voix :

1º Nobles et grandes villes de Hollande.................... 1·
2º Petites villes de Hollande............................. 1
3º États de Zélande..................................... 1
4º Bommel et Buren 1
5º Le prince 1

(2) Résolution de Hollande du 16 juillet. Dans Bor, VIII, 96.

(3) Résolutions de Hollande, 12, 15, 18, 19, 20 juillet 1575.

Il demanda donc et obtint qu'à ces mots : *Religion catholique romaine*, on substituât ceux-ci : *Toute religion contraire à l'Evangile*, se réservant de soutenir, le cas échéant, que le catholicisme ne rentrait pas dans cette dernière catégorie.

Les mêmes clauses sont insérées dans le pacte de la seconde union de Hollande et Zélande (1576). Guillaume y fait insérer une fois de plus la stipulation de la liberté de conscience. « Il n'entendait pas, dit Motley, renverser l'inquisition catholique, pour qu'une inquisition calviniste s'élevât sur les ruines de celle-ci. »

Le grand commandeur de Castille, gouverneur général des Pays-Bas, don Luis de Requesens y Çuniga, meurt le 5 mars 1576. Le gouvernement est, jusqu'à l'arrivée de don Juan d'Autriche, confié par le roi au conseil d'État reconstitué. (Arschot, Mansfelt, Berlaymont, Rassenghien, Viglius, Sasbout, Roda et d'Assonleville.)

Ceux-ci reprennent avec Orange et les députés de Hollande et Zélande les négociations interrompues de Bréda. Les pourparlers sont accélérés par la « *furie espagnole* » d'Anvers (4 novembre 1576). Ils aboutissent le 8 du même mois à la pacification de Gand, œuvre généreuse et prématurée qui réunit pour un instant les dix-sept provinces en un seul faisceau.

Par l'édit de pacification, les placards et édits concernant l'hérésie, les ordonnances et poursuites criminelles du duc d'Albe, sont suspendus jusqu'à la décision des États généraux, lesquels doivent s'assembler aussitôt après l'expulsion des soldats espagnols (article III).

D'un autre côté, l'article IV est ainsi conçu :

« Bien entendu qu'il ne sera loisible ny permis à ceux
« de Hollande et Zélande, ny à autre de quel pays, qualité
« ou condition qu'il soit, de attenter aucune chose par-
« deçà, *hors* desdicts pays de Hollande, Zélande et autres
« lieux associés, contre le repos et paix publique et
« signamment contre la religion catholicque romaine et

« l'exercice d'icelle, ny à cause de ce injurier ou irriter
« aucun de fait ny de paroles, ny le scandaliser par actes
« semblables, à paine d'estre puniz comme perturbateurs
« du repos publicq à l'exemple d'autres ».

Nous retrouvons dans cet article la pensée qui a dirigé
dans la conférence de Bréda les députés du prince et des
États. Il faut distinguer entre la paix ou liberté de religion, qui suppose la coexistence publique et la juxtapo-
sition des différents cultes, et la liberté de conscience.
« Avant la signature de l'édit, dit M. Théodore Juste (1),
« les commissaires de l'assemblée de Bruxelles avaient
« insisté pour que les catholiques de Hollande et de
« Zélande fussent remis, au moins provisoirement, en
« l'exercice de leur culte. » Les députés des deux provinces sus-énoncées s'y refusèrent, dans la crainte que
cette concession n'irritât dans leur pays la fibre populaire et n'entraînât des dangers pour les catholiques
eux-mêmes. Dès lors, il est évident que la liberté de
religion n'est pas inscrite dans l'édit de pacification, car,
tandis que le calvinisme reste seule religion reconnue en
Hollande et Zélande (2), le catholicisme reste religion
d'État partout ailleurs. Quant à la liberté de conscience,
elle est pleine et entière.

Après la pacification de Gand, nous rencontrons la
première union de Bruxelles (9 janvier 1577). Le pacte,
qui la constate, a surtout un caractère politique et
n'innove pas en matière religieuse. Les confédérés s'obli-
gent à maintenir la religion catholique, ce qui est l'un
des caractères de la pacification de Gand. Aussi les

(1) Pacification de Gand, f° 61.

(2) Cependant il est dit à l'acte d'union que les États généraux
seront chargés « de mettre ordre au fait et exercice de la religion
« esdits pays de Hollande, Zélande, Bommel et autres lieux asso-
« ciés », c'est-à-dire de décider si le culte catholique continuera à
y être suspendu.

députés de Hollande et Zélande assistent-ils à l'assemblée, sans souscrire à une disposition inapplicable à leurs provinces (1). La seconde union de Bruxelles (11 décembre 1577) consacre la liberté de conscience, mais non celle de religion. Toutefois un certain progrès se manifeste : « Ceux de la religion catholique, dit Meteren, « reçurent ceux de la religion réformée en leur protec- « tion, promettant de ne permettre pas qu'on attentât « quelque chose contre eux (bien entendu dans les pro- « vinces autres que Hollande et Zélande) ». « Catholiques « et réformés, dit Motley (2), s'engagèrent à se respecter « et à se protéger les uns les autres contre tous leurs « ennemis. C'était un pas en plus de fait dans la voie « de la pacification de Gand. »

L'archiduc Mathias, nommé gouverneur général des Provinces unies le 17 décembre 1577, jure les trente articles qui lui sont présentés (20 janvier 1578). L'un d'eux maintient la pacification de Gand.

Le 22 avril 1578, les États généraux sont réunis à Anvers. Ils restent dans l'esprit de l'édit de pacification. Le 2 juin suivant, le synode des églises réformées et protestantes (allemandes, wallonnes et hollandaises) siège à Dordrecht. Il réclame le libre exercice de la religion évangélique dans tous les Pays-Bas , ou , en d'autres termes, la paix de religion. Deux requêtes sont présentées en ce sens au gouverneur général les 22 juin et 7 juillet. A la demande de Mathias , et sous l'inspiration du prince d'Orange, le Conseil d'État élabore le projet établissant la liberté des cultes, qui est proclamée le 22 juillet suivant. On trouve dans l'ordonnance les dispositions suivantes :

« Article 3. — A esté ordonné que la religion catholi-

----

(1) Dujardin et Sellius, *Ibid.*, V, 409.

(2) *Ibid.*, IV, 191.

« que romaine sera rétablie *tant ès villes de Hollande*
« *et Zélande qu'aux autres villes et places de pardeça*
« *où l'on a quitté ladicte religion,* afin d'y être exercée
« paisiblement et librement, sans aucun trouble et empê-
« chement, etc.

« Article 4. — Semble que ladicte religion réformée
« pourra être exercée publiquement en toutes les villes
« et places des païs de pardeça, etc. »

Des deux côtés, une seule condition est apposée. Dans
les villes et grands villages, la paix religieuse devra être
réclamée par au moins cent ménages y vivant depuis plus
d'un an. Dans les petites bourgades, elle devra être
requise par la majorité des habitants.

Dès ce moment, Guillaume aurait atteint, si les partis et
les hommes eussent été sages, le but si bien indiqué par
son frère dans la lettre que nous avons citée. Mais la
liberté de religion est reçue avec des sentiments très-
divers. Elle est acceptée dans quantité de lieux, à Anvers,
à Groningue, à Leuwarden, dans la Gueldre, dans les
Ommelandes, mais, ailleurs, les calvinistes exaltés résis-
tent. L'aveuglement des catholiques n'est pas moindre.
Le 28 juillet 1578, les provinces de Hainaut et d'Artois
réclament contre la paix religieuse. Il en est de même à
Utrecht.

Ce qui indispose les populations catholiques, ce sont
surtout les exagérations calvinistes de Gand, les décla-
mations démagogiques de Pierre de Hembyse et de
Pierre Dathenus. Orange court à Gand pour réconcilier
wallons et flamands. Le 16 décembre 1578, la capitale
flamande accepte la paix de religion (1).

Mais hélas ! cette bonne inspiration est de courte durée.
Le 9 mars 1579, Gand, livré aux excitations de tribuns
insensés, rompt la paix religieuse. Cet acte, aussi peu

(1) Motley dit qu'elle fut publiée le 27 décembre (IV, 282).

honnête qu'impolitique, entraînera la réconciliation avec le roi d'Espagne des provinces wallonnes (Hainaut, Artois, Lille, Douai et Orchies, 1579).

En janvier 1579, avait été proclamée l'union d'Utrecht dont l'article XIII porte ce qui suit :

« La Hollande et la Zélande se conduiront sur le fait
« de la religion conformément à leurs opinions. Les
« autres provinces seront tenues de se conformer à la
« paix de religion projetée par l'archiduc Mathias et son
« Conseil de l'avis des États généraux, en tant qu'elles le
« jugeront convenable à maintenir la tranquillité et la
« paix de chaque ville ou province et pour le bien-être
« des ecclésiastiques séculiers, sans qu'une province
« puisse à cet égard s'immiscer dans les affaires de
« l'autre, à condition cependant que chacune conservera
« la liberté de conscience et qu'on ne recherchera qui
« que ce soit sur le fait de la religion, ainsi qu'il est
« porté par la pacification de Gand (1). »

Le premier février suivant, on éprouve le besoin d'interpréter cet article, dont la rédaction n'avait pas paru complétement satisfaisante :.

« On n'avait pas l'intention d'exclure de l'union les
« provinces qui voudraient n'admettre que la religion
« catholique et dans lesquelles les réformés ne passe-
« raient pas le nombre fixé par la paix de religion. On
« était au contraire prêt à les recevoir, pourvu qu'elles
« se conformassent aux articles de l'union et qu'elles se
« gouvernassent en véritables patriotes, l'unique but
« étant de maintenir exactement la liberté des consciences
« et des opinions (2) ».

---

(1) Dujardin et Sellius. — *Ibid.* — *Sic* Motley, *ibid.*, IV, 308, 309.

(2) Dujardin et Sellius. — *Ibid.*

En la même année 1579, les États généraux présentent au congrès de Cologne la proposition suivante (1) :

« Que Sa Majesté accordera aux supplications de ses « fidèles sujets la liberté d'exercice et du culte aux réfor- « més et aux protestants dans les lieux dont ils sont en « possession, à condition que les États veilleront au « rétablissement de la religion catholique par des voies « et moyens convenables ;

« Que les États, en présence des commissaires de Sa « Majesté, règleront les églises abandonnées aux deux « religions ;

« Que la Hollande et la Zélande se tiendront aux limites « fixées par la pacification ;

« Que les États s'appliqueront à rétablir le culte de « l'ancienne religion dans un ou deux endroits de ces « deux provinces ;

« Et ce jusqu'à la réunion des prochains États géné- « raux (2) ».

Le duc d'Anjou est substitué à l'archiduc Mathias, mais avec des différences importantes quant au droit de souveraineté. Le traité de Plessis-lez-Tours contient les dispositions ci-après énoncées :

« Article XII. — Son Altesse promettra d'entretenir la « religion et la paix de religion èsdits pays en tel estat « qu'elle est présentement ou selon qu'il en sera ci-après « disposé par les estats de chaque province.

« Article XIII. — Hollande et Zélande demeureront en « tel estat qu'elles sont présentement tant au regard du « point de la religion qu'autrement et ne seront soumises « aux estats généraux que par rapport aux droits réga-

(1) 18 mai. — Présentation du document dit : *Des Quatorze Articles*. — La religion, y est-il dit, est du domaine de Dieu. Le roi et le peuple doivent servir Dieu suivant leur conscience, etc.

(2) Dujardin et Sellius. — *Ibid.*, V. 509.

« liens » (tels que le droit de battre monnaie, de lever des contributions et subsides), « selon les conventions faites « et à faire de l'avis des États généraux ».

« Article XIV. — En général, (le duc) ne permettra « pas que quelqu'un soit recherché en sa conscience sous « le prétexte de la religion, ains prendra l'une et l'autre « religion en sa protection ».

Lorsqu'au mois de juillet 1581, Orange est investi de la souveraineté temporaire de la Hollande et de la Zélande, « il est chargé d'y maintenir la seule religion réformée « évangélique, sans cependant permettre qu'on s'ingère « dans la conscience d'autrui, ni qu'on fasse tort à un « individu quelconque, à cause de sa religion (1) ».

Dans la capitulation du 30 mars 1583, il est dit que le prince maintiendra en Hollande et Zélande la religion réformée, sans y faire de changement, sinon du consentement des États, sans cependant rechercher qui que ce soit pour raison de conscience, ni sur sa foi, ni obliger personne à changer de religion (2).

La mort d'Orange ne nous permet pas d'aller plus loin. Nul doute que, devenu souverain définitif en Hollande et Zélande, il y eût fait prévaloir ses principes.

Nous avons dessiné les grandes lignes de notre sujet. Partout où nous rencontrons l'inspiration du prince d'Orange, nous trouvons comme minimum la réclamation de la liberté de conscience. En Hollande et Zélande, son action et son influence ne peuvent aller plus loin. Lorsqu'au contraire celles-ci s'exercent, non sur des populations animées de convictions ardentes et intolérantes, mais sur des corps politiques, tels que les États généraux ou le Conseil d'État de Mathias, nous voyons apparaître le but suprême, c'est-à-dire la revendication de la liberté

(1) Molley, IV, 414, d'après Bor (XV, 183, 184).

(2) Dujardin et Sellius, V, 644.

de religion. Le rôle du prince est d'autant plus beau, d'autant plus grand qu'il a à lutter non seulement contre Philippe II, mais encore contre ses propres alliés. C'est surtout en 1579 que les difficultés qu'il rencontre sont grandes. Le 28 mai 1579, il apaise les troubles religieux d'Anvers, et fait rendre aux catholiques l'exercice de leur culte un instant troublé au cri de « *Papen uit !* (A bas les « papistes !) ». Le 15 juin suivant, il remplit le même office à Utrecht. En août, il rentre en Gand, en chasse Hembyse et Dathenus, met fin à la seconde iconoclastie. De là, il se rend à Bruges. Dans ces deux villes, il restitue aux catholiques la paix de religion. Seulement, il leur recommande, les esprits étant encore fort émus, d'en user « secrètement jusqu'à meilleure commodité ».

En 1580, avait eu lieu un nouveau retour de l'intolérance calviniste. L'exercice de la religion catholique avait été interdit, savoir : à Bruxelles, le 1er mai, et à Anvers, le 1er juillet. — Orange fait cesser cet état de choses (pour Anvers en 1582). Il est récompensé de ses nobles efforts par le coup de pistolet de Jean Jauréguy.

C'est l'histoire du rocher de Sisyphe.

Guillaume de Nassau n'a pas seulement à lutter contre les grands seigneurs catholiques, toujours prêts à négocier leur réconciliation avec le roi, contre les populations méridionales des Pays-Bas, contre les habitants tout dévoués à sa cause des provinces du Nord. Dans son entourage intime, parmi ses conseillers et ses confidents de tous les jours, il rencontre d'autres résistances non moins difficiles à vaincre. C'est sur ce terrain principalement qu'il est intéressant de l'étudier.

Tous les citoyens des Pays-Bas, laïques ou ecclésiastiques, avaient été astreints à prêter le serment de garder et entretenir la pacification de Gand. Les anabaptistes de la Hollande et de la Zélande refusèrent d'accomplir cette formalité, contraire à leurs principes religieux. Les conseillers de Guillaume, et notamment Marnix de Sainte-

Aldegonde, furent d'avis de les punir de ce refus en leur enlevant le droit de cité ou de bourgeoisie. Nous connaissons l'avis et la réponse du prince d'Orange par une lettre bien curieuse de Marnix :

« Il m'a répondu sévèrement, écrit-il (1), que leur *oui*
« était égal à notre serment et que nous ne devrions
« pas nous appesantir sur cette question, à moins de
« vouloir reconnaître qu'il était juste pour les papistes
« de nous contraindre à un service divin opposé à notre
« conscience... Le prince m'a reproché que notre clergé
« travaille à obtenir la domination des consciences. Il
« louait récemment le dire d'un moine qui se trouvait ici
« et s'était écrié que notre pot n'avait pas été aussi
« longtemps au feu que celui de nos adversaires, mais
« que, lorsque le moment serait venu, il se trouverait
« suffisamment noir. En un mot le prince craint qu'après
« plusieurs siècles, la tyrannie ne se trouve à cet égard
« parfaitement égale de part et d'autre (2) ».

Plus tard, une autre contestation s'engage entre ces sectaires et le magistrat de Middelbourg. Celui-ci veut les contraindre à prendre les armes, toutes les fois qu'ils en seront requis, pour la garde de la cité, ce qui est encore contraire aux principes de l'anabaptisme. Il les menace, s'ils persévèrent dans leurs objections, de faire fermer leurs boutiques. Guillaume écrit au Magistrat dans les termes suivants : « ... Nous vous déclarons que vous
« n'avez pas le droit de vous inquiéter de la conscience
« de qui que ce soit, aussi longtemps qu'il n'a été posé
« aucun acte de nature à causer un dommage privé ou
« un scandale public. Nous vous ordonnons de ne plus
« molester les baptistes, de ne plus vous opposer à leur
« industrie et au commerce journalier par lequel ils

(1) En 1578.

(2) Brandt. — *Hist. der Reformatie*, XI, 588, 589.

« gagnent le pain de leurs femmes et de leurs enfants,
« de leur permettre d'ouvrir leurs boutiques et de se
« livrer à leur industrie, ainsi qu'ils en avaient coutume
« autrefois. Gardez-vous donc de désobéir à l'ordonnance
« que nous établissons en ce jour (1) ».

Est-ce là, oui ou non, le langage d'un apôtre de la
tolérance. Oui, Guillaume est cet apôtre : Il est même
seul sur ce terrain contre tous, contre les magistrats des
villes, contre son clergé, contre sa famille, contre son
frère, l'honnête Jean de Nassau, qui accepte la paix de
religion, mais seulement là où les calvinistes ne sont pas
en force. Combien M. van Praet est dans le vrai, lorsqu'il
termine par ces mots son beau portrait du prince : « Il
« s'est dévoué à la cause qu'il a jugée la meilleure, aux
« dépens de sa fortune, de son repos, au péril constant
« de sa vie. — Il a montré en tout temps sa générosité,
« son désintéressement, sa haine de l'injustice ».

En effet, Guillaume a usé sa vie dans des luttes ingrates,
dans des complications toujours renaissantes, dans des
conflits incessamment suscités par les prétentions muni-
cipalistes. Que n'épousait-il les opinions à outrance de
son parti ! Combien sa tâche eut été plus simple ! Il est
vrai qu'il ne serait pas l'un de ces hommes rares qui
prennent pour devise le mot d'un empereur philosophe :
Laboremus, l'un de ces hommes qui n'ont d'autre loi que
le devoir, ne connaissent d'autre inspiration que celle de
la conscience. S'il eût été Hembyse ou Dathenus, qui lui
jetait à la face les épithètes d'athée ou d'impie, il n'aurait
pas écrit à sa femme : « Je suis délibéré me mettre entre
« les mains du Tout-Puissant, affin qu'il me guide, où
« serat son bon plaisir. Aussi bien, je vois qu'il me fault
« passer ceste vie en misère et travaille, de quoy suis
« très content, puisqu'il plaist ainsi à Tout-Puissant, car

(1) Motley, *ibid.,* IV, 229, — d'après Bor, XII, 993, et Brandt, I,
609, 610.

« je sçay que ay bien mérité plus grant chastoie. Je le
« supplie seulement de me faire la grâce de tout endurer
« patiemment, comme j'ai fait jusques ad maintenant (1).

(1) A la page 297 de son livre, M. Carlier me présente une objection qui, aux yeux des lecteurs ne connaissant pas cette histoire,
paraîtra avoir quelque gravité. Il s'agit de la conduite tenue par
Guillaume à l'égard d'Amsterdam qu'il tient bloqué, qu'il veut affa-
mer, et tout cela pour arriver à y établir un calvinisme exclusif.
« *Etait-ce là* », ajoute mon contradicteur, « *cette tolérance, pré-*
« *cieux gage de concorde, que le prince d'Orange aurait été à peu*
« *près seul à comprendre ?* »
Il est clair que mon estimable contradicteur n'a pas vérifié son
espèce, qui se retourne contre lui avec une énergie singulière.
Cependant l'énoncé seul des actes des Etats généraux, qu'il cite
d'après M. Gachard, aurait dû l'avertir qu'il faisait fausse route.
Lorsque, en 1572, eut lieu le premier congrès de Dordrecht,
Amsterdam n'y comparut pas. Le Magistrat, composé de catholiques ardents, entendait résister. A la fin de 1576, la situation était
toujours la même. Amsterdam continuait à faire bande à part avec
Harlem et la ville épiscopale d'Utrecht ; elle n'envoyait pas ses
députés aux Etats de Hollande, refusait de payer sa part de taxes et
d'impositions, *proscrivait tout autre culte que le culte catholique.*
Cet état de choses était-il tolérable? Evidemment non. Les Etats
de Hollande ne pouvaient souffrir dans leur province trois foyers
de rébellion, trois points d'appui possibles pour l'ennemi.
Supposons que les villes du département du Nord soient amenées
à former une sorte de république fédérative, avec des états provin-
ciaux comme centre, et que l'une des villes, prétextant des dissidences politiques ou religieuses, refuse de coopérer à l'œuvre commune, n'y sera-t-elle pas contrainte, au besoin, par la force ?
D'un autre côté, quel était le droit d'après l'édit de la pacification
de Gand ? Pour répondre, il suffit de relire l'article IV. Le calvinisme devait non-seulement être toléré, mais *dominer* en Hollande
et Zélande. Ce n'était *qu'en dehors de Hollande et Zélande,* que les
citoyens de ces deux provinces ne pouvaient rien « attenter » contre
la religion catholique. Et le Magistrat d'Amsterdam persistait à empêcher tout autre culte que le culte catholique ! Il était donc en
rébellion, non-seulement contre les Etats de la province, mais
contre un pacte applicable aux dix-sept provinces.
Quand donc M. Carlier dit que « la province où l'on respectait le
« moins la pacification, c'était la Hollande », il est en dehors de la
vérité historique.
Maintenant que j'ai traité la question de droit, je vais exposer la
question de fait, notamment d'après Dujardin et Sellius, et l'on
verra de quel côté étaient l'exclusivisme et les prétentions exces-
sives.
Le 28 novembre 1576, les États de Hollande ordonnent la vente
publique des effets appartenant aux négociants d'Amsterdam, si
leur Conseil ne se réunit pas à la province, au plus tard le
20 décembre suivant.
De même, le quartier du Nord prohibe tout commerce avec
Harlem. Les placards sont renouvelés en décembre. Dans ce mois,
Utrecht fait son traité. *On convient de ne porter aucune atteinte*
au culte catholique, de ne conférer les bénéfices ecclésiastiques

QUATRIÈMEMENT. — *Guillaume de Nassau est un homme* .
« *de légère et joyeuse vie* ».

Pontus-Payen , qui n'aime pas le prince d'Orange , le
représente comme « tenant table magnifique » ; mais de
suite il indique que cette large hospitalité est jusqu'à un
certain point un moyen d'influence, « où, dit-il, les petits
« compagnons étoient aussi bien reçus que les grands ».
Il est certain cependant que Guillaume, qui, d'après les
comptes de confiscation , avait encore en 1570 environ

qu'aux catholiques romains. Harlem se soumet le 4 janvier 1577.
*Une seule église est accordée aux réformés, toutes les autres
restent aux catholiques.*
Des conventions si libérales auraient dû éclairer Amsterdam.
Cependant il n'en est rien. Les Etats de Hollande et de Zélande,
irrités, décrètent le siége. Guillaume intervient et leur représente
que des hostilités ouvertes, un effort offensif, sont contraires à la
pacification de Gand. Il leur conseille de supprimer les sentences
de confiscation (1). — Le blocus est maintenu.
Le 23 novembre 1577, a lieu une entreprise à main armée sur
Amsterdam. Elle échoue. « Le prince, disent Dujardin et Sellius (2),
« marqua un grand mécontentement de cette entreprise. Les Etats
« (de Hollande et de Zélande) s'excusèrent de ne point avoir pris
« son avis sur l'envie qu'ils avaient de le mettre à couvert de tout
« reproche. Guillaume les renvoya devant les Etats généraux pour
« rendre compte de leur conduite ».
Enfin les Etats d'Utrecht interviennent et cette médiation amène
le traité dit: *Satisfaction d'Amsterdam* (8 février 1578). *Le culte
catholique seul est permis dans la ville et sur son territoire.
Tout ce que les protestants obtiennent, c'est un endroit « hono-
« rable » pour y ensevelir leurs morts. Ils peuvent d'ailleurs
pratiquer leurs prêches en dehors du territoire urbain* (3).
Le lecteur est maintenant édifié. De quel côté sont la sagesse, la
tolérance, entre des magistrats qui ne veulent admettre chez eux
qu'un seul culte, et leurs adversaires qui, après les avoir soumis,
leur laissent la place libre ?
Lorsque, le 20 juin 1577, le prince écrivait aux États généraux
pour insister sur l'accomplissement de la pacification de Gand (4),
il était dans son droit et dans la vérité. Il y était encore quand il
disait à Arnold Sasbout qu'Amsterdam voulait être plus sage que
les autres villes auxquelles il avait donné satisfaction (5). — Les
énoncés seuls auraient dû prémunir M. Carlier.

(1) Pour tout ce qui précède, voir Dujardin et Sellius, V, 405 à 408.

(2) *Ibid.*, 433.

(3) *Ibid.*, 435.

(4) Alinéa 608 des *Résolutions des États généraux*, cité par M. Carlier.

(5) Alinéa 652, cité de même.

150,000 florins de revenu, aimait la grande vie, la représentation somptueuse. Je le soupçonne même d'avoir été tant soit peu gastronome, ce qui n'est pas un tort bien grave, et si c'en est un, il fut partagé par Philippe II qui fit prier le prince de vouloir bien lui céder son cuisinier.

En ce qui concerne la question des mœurs, je connais peu de personnages aussi irréprochables que Guillaume. Un homme qui meurt à cinquante ans après s'être marié quatre fois et avoir eu onze enfants, ne paraît pas avoir recherché les facilités du célibat ou du veuvage. L'histoire connaît les épouses du prince, elle ne connaît ni ses maîtresses ni ses enfants naturels ; elle connaît les débordements d'Anne de Saxe (1), elle ignore ceux de son mari.

La discussion pourrait se terminer là, mais il est bon de la pousser à fond pour la vider.

Le seul reproche qui ait été adressé à Guillaume sous le rapport qui nous occupe, n'implique ni la débauche, ni des passions fougueuses comme celles d'Henri VIII. Il concerne son troisième mariage avec Charlotte de Bourbon, deuxième fille du duc de Montpensier, laquelle, ayant été abbesse de Jouarre, avait depuis jeté le froc aux orties. La princesse est traitée par Philippe II de « nonnain apostate », et le prince de « bigame », pour avoir épousé Charlotte, alors qu'Anne de Saxe vivait encore.

Vraiment, pour épouser cette querelle de Philippe II, il faudrait être bien mal inspiré et surtout bien mal renseigné.

Charlotte, comme sa sœur la duchesse de Bouillon, avait été secrètement élevée dans les principes de la

(1) Un des plus grands scandales qu'elle donna, ce fut sa liaison avec Jean Rubens, père du grand peintre. Il fut relégué à Siegen sur la plainte du mari outragé, et c'est pour cette raison que Pierre-Paul naquit en cette ville d'Allemagne.

religion réformée par sa mère, la célèbre Jacqueline de Longwy (la première Madame de Montpensier). Cependant, après la mort de celle-ci, le duc de Montpensier jeta Charlotte dans un cloître et la contraignit à prononcer des vœux perpétuels à un âge encore très tendre et notablement inférieur à celui de la majorité. Qu'attendre de vocations ainsi forcées? Il arriva ce qui devait arriver. Charlotte, toujours pénétrée de l'esprit de la réforme, sortit du cloître et se réfugia à la cour de l'électeur palatin. C'est là que Guillaume demanda sa main et certes il ne lui en fit pas accroire. « Pensez, lui fit-il dire, que « j'ai quarante-deux ans et cinq enfants ».

Quel reproche peut être adressé au prince à raison de cette union? Anne de Saxe vit encore le 12 juin 1575, jour du troisième mariage, mais le divorce basé sur l'adultère d'Anne a été prononcé par cinq ministres (Gaspard van der Heyden, Michael, Tylius, Miggrode et Jean Taffin). L'écrit signé d'eux atteste que le prince est libre, suivant le droit divin et humain, de s'allier à une autre femme par mariage et que celle qu'il épousera sera devant Dieu et devant les hommes sa femme légitime (1).

Dira-t-on que le duc de Montpensier, père de Charlotte, n'avait pas donné son consentement au mariage? La consultation du ministre Capet répond : « En noz églises. « nous ne faisons nulle dificulté d'espouser ceux qui font « apparoistre du refus du père, qui ne seroit fondé que « sur la seule cause de la religion, estant mesme éman- « cipée (Charlotte de Bourbon) par l'aage attaint et passé « de 26 ans, auctorisée et induicte par Monseigneur « l'électeur, fortifiée des advis de la duchesse de Bouil- « lon, sa sœur, des roi de Navarre et prince de Condé, « ses parens bien proches (2) ».

____

(1) Groen van Prinsterer, V, 223.

(2) Groen van Prinsterer, _ibid._

Allèguera-t-on que Charlotte de Bourbon, ayant prononcé des vœux perpétuels, ne pouvait se marier même après sa sortie du cloître ? Je répondrai, en laissant de côté la question de contrainte, que plus tard, des conseillers du parlement, joints à des théologiens et canonistes de la Sorbonne, consultés par le duc de Montpensier lui-même réconcilié alors avec sa fille (1), proclamèrent que ces vœux étaient nuls, comme ayant été prononcés avant l'âge compétent et contrairement aux règles du concile de Trente.

Remarquons du reste que ces reproches n'ont jamais été adressés au prince d'Orange que par Philippe II et par ceux qui soutiennent aveuglément sa cause (ils sont rares pour l'honneur de l'humanité). En vérité, il n'avait pas le droit de se montrer si indigné et si prude cet homme qui, d'une de ses maîtresses, dona Isabella Osorio, avait au moins deux, peut-être trois bâtards, qui forçait le duc d'Ascoli à épouser une autre de ses concubines, dona Eufrasia, alors enceinte de ses œuvres, etc., etc.

Sous les paragraphes VII et VIII, j'ai en définitive esquissé la carrière entière de Guillaume. Je n'ai reculé devant aucun travail et mes recherches ont été aussi approfondies que peuvent l'être celles d'un homme qui ignore la langue hollandaise. Aurai-je le bonheur si rare et si doux de convaincre mes contradicteurs ? J'ose à peine l'espérer.

Pourtant, qu'ils veulent bien y réfléchir. Dans le sujet qui nous occupe, il faut faire un choix, prendre un parti, se prononcer pour Philippe II ou pour Guillaume de Nassau. Se prononcer pour Philippe II, pour un homme

(1) Cette réconciliation eut lieu en 1580.

qui, s'il n'a pas commis tous les crimes, a été jugé capable de les commettre, cela est impossible, surtout à un Français ! C'est vraisemblablement la rébellion hollandaise qui, usant les forces de l'Espagne, a empêché d'aboutir les projets de Philippe sur la France et l'Angleterre. Sans Guillaume, l'entreprise de l'Armada aurait eu lieu beaucoup plus tôt, à une époque où l'Angleterre était moins prête, et combien Philippe n'aurait-il pas eu, pour succéder à notre Henri III, d'hommes et de doublons qui lui ont manqué, lui qui eut encore assez d'argent pour acheter les Guise et nombre de ligueurs, lui qui eut encore assez d'hommes pour forcer Henri de Navarre à lever le siége de Paris et celui de Rouen !

Or, on ne peut songer sans frémir au sort réservé à la France et à l'Angleterre, si Philippe eût pû les maintenir quelque temps sous sa domination. Son système a reçu un nom qui restera, celui de « vampirisme religieux « et politique ». En effet, le père de don Carlos, le frère de don Juan, couché sur l'Espagne, comprimant le cœur de celle-ci, étouffant sa vie intellectuelle, lui suçant la moelle et le sang, en a fait ce qu'elle a été pendant trois siècles. Sans la tempête de 1588, sans le génie de notre Henri IV, les destinées de l'Europe auraient pu être changées. Cela a tenu à peu de chose, et sans la diversion terrible qui durait depuis vingt ans, combien le roi d'Espagne n'aurait-il pas eu de chances en plus ?

Guillaume de Nassau n'est donc pas seulement le fondateur d'un noble et honorable pays. Il est peut-être le sauveur de la liberté et de l'indépendance européennes !

§ X

QUELQUES MOTS SUR PÉRÉGRIN DE LA GRANGE

A la page 98, M. Carlier répète après Pontus-Payen et après moi que Pérégrin de La Grange, avant de venir à Valenciennes, avait assisté au siége de Rouen, d'où il s'échappa après la prise de la ville (26 octobre 1562).

C'est là un point curieux, mais qu'il serait désirable de voir vérifier à Genève ou à Rouen. Pour moi, en effet, la chose reste douteuse. D'après les relations, Pérégrin avait, en 1566, vingt-cinq ou vingt-six ans. En 1562, il avait donc environ vingt-deux ans. A cet âge-là, on n'est pas ministre ou pasteur, et dès lors je me demande en quelle qualité Pérégrin aurait été envoyé *de Genève* à Rouen. Car c'est en ces termes qu'il faut poser la question. Il ne vint pas à Valenciennes spontanément, mais parce que deux calvinistes valenciennois, le patinier Jehan de la Court et le mollekinier Jehan Flébin allèrent à Genève demander un ministre. S'il se rendit à Rouen, il dut y être envoyé par ses supérieurs, et je ne m'explique pas qu'on ait chargé un aussi jeune homme d'une mission importante.

Je pense qu'il est possible de s'entendre sur le caractère de Pérégrin de La Grange.

Tous les documents et les publications déjà faites sur Pérégrin sont d'accord pour le représenter comme un jeune homme plein de vivacité, abondant en saillies, et c'est pour cette raison que, malheureusement pour Valenciennes, il y acquit plus d'influence que le grave Guy de Bray. Au fur et à mesure que les événements se déroulent, Pérégrin parcourt tous les degrés qui mènent à l'exaltation. Lorsqu'on lui demande de s'interposer auprès du peuple valenciennois, il répond que, plutôt que de parler en ce sens, il préférerait devenir muet comme un poisson et sentir sa langue s'attacher au palais. Quand le conseiller pensionnaire d'Oultreman lui réplique : « Si « vous avez peur pour votre peau, on vous obtiendra « congé de sortir et de vous en aller librement où il vous « plaira, mais il n'est pas juste que tout un peuple soit « ruiné de gaité de cœur pour le plaisir de quelques-uns », il répond qu'il n'a pas à s'occuper de sa préservation personnelle et que Dieu y pourvoiera. Après la mission de d'Egmont et de d'Arschot, après la défaite d'Austruweel, il s'obstine à résister à l'évidence, à espérer contre toutes les chances humaines et terrestres. Compte-t-il donc encore sur le secours d'en haut ? C'est bien possible. Il est alors arrivé à l'*illuminisme,* et c'est par ce mot que je voulais finir.

Si Guy de Bray eût été seul à Valenciennes, il ne se serait vraisemblablement pas opposé à un accommodement (1), d'autant plus que, né à Mons, il était sujet du roi et pouvait exercer son ministère en notre ville, par suite de l'accord passé entre Noircarmes et le consistoire valenciennois.

---

(1) Guy de Bray garda une attitude différente de celle de Pérégrin dans les circonstances où ce dernier tint le langage ci-dessus relaté. Pontus-Payen dit à ce sujet que les exaltés soupçonnèrent Guy de Bray de s'être laissé acheter par Noircarmes, ce qui est d'ailleurs absolument faux.

§ XI

ATTITUDES RESPECTIVES DE VIGLIUS DE ZUYCHEM
ET DU PRINCE D'ORANGE
EN FACE DES LETTRES DE SÉGOVIE

M. Carlier (p. 126) me ramène encore une fois à Guillaume de Nassau.

J'ai dit dans mon livre : *Huit mois de la vie d'un peuple* (p. 13 et 14), qu'après la réception dans les Pays-Bas des dépêches de Ségovie (des 17-20 octobre 1565) (1), et notamment lors de la communication qui en fut faite au Conseil d'État, le sentiment dominant avait été la stupeur, contre laquelle Orange, Egmont et Hornes n'avaient pas tardé à réagir *par leurs protestations*.

Le Conseil d'État ne savait à quel parti s'arrêter, et le Conseil privé, plus spécialement chargé de faire exécuter les décrets, résolutions ou lettres royaux, fut obligé de venir lui rappeler que l'exécution des dépêches de Ségovie ne pouvait être différée.

Alors, ai-je dit, se passa un phénomène *singulier*. Le président Viglius (2) proposa de surseoir à l'exécution des résolutions royales, déclarant être prêt à assumer les conséquences du délai.

Son avis ne prévalut point : « Nous n'avons plus le

____

(1) Rappelons, pour les personnes qui n'ont pas lu mes autres ouvrages, que ces dépêches prescrivaient d'appliquer les placards avec une extrême rigueur.

(2) Président du Conseil privé des Pays-Bas.

« choix, dit le prince d'Orange, qu'entre l'obéissance et
« la rébellion ouverte. Pour moi je m'en lave les mains ».

M. Carlier n'admet pas cette expression de « phénomène singulier » qui, d'après la contexture de la phrase,
ne peut s'appliquer qu'à la conduite de Viglius, et croit
que le prince d'Orange fut enchanté de voir le roi s'engager dans des difficultés inextricables.

Je ne puis admettre cette opinion à aucun degré, surtout après les recherches aussi approfondies que possible
que je viens de faire.

J'ai cru un instant que je parviendrais à trancher la
question, rien que par l'examen d'un seul manuscrit des
archives de Bruxelles : je veux parler des Notules du
Conseil d'État, tenues par le secrétaire Baptiste Berty.
On comprend de suite que ce manuscrit, qui est le plumitif
des audiences dudit Conseil, a une importance capitale,
car un plumitif constitue le plus impassible et le plus
véridique des témoins.

Je m'étais trompé. J'ai pu constater que les lettres de
Ségovie avaient été communiquées au Conseil d'État dans
la séance du 14 novembre 1565 (1), et que les résolutions
à prendre sur la dépêche royale, impliquant un retour
aux mesures d'extrême rigueur en matière religieuse,
avaient été discutées dans les séances des 30 novembre,
1er, 11, 13, 18, 20, 22 et 24 décembre 1565. Mais les
procès-verbaux n'analysent pas les opinions produites,
comme ils le font généralement dans les circonstances
importantes. Malgré cette regrettable lacune, je n'ai pas
perdu ma peine, car j'ai la conviction que le débat dont
il est parlé plus haut, s'ouvrit dans la séance du 1er décembre au matin. Voici en effet comment s'exprime le
procès-verbal :

____

(1) L'on leut les lettres du Roy tant en matière d'estat touchant
religion, finances que pensionnaires allemans, toutes de Sygovia,
du xviie d'octobre.

« Sur le ressentiment du conte d'Egmond de quelques
« ordonnances (1) *contre ce que Sa Majesté luy avoit dit de*
« *bouche en Espaigne* (2) ».

« Se reverront les premières lettres escriptes par le roy
« après le retour dudict Seigneur conte ».

« Que l'inquisition se face comme dois le temps de l'em-
« pereur et du roy jusques à maintenant s'est faicte, et
« comme selon droictz divins et humains il appartient... ».

« Se respondra à Sa Majesté que son commandement s'en-
« suyvra, *contre lequel ces seigneurs* (3) *n'ont voulu adviser,*
« mais que toutesfoix ceulx du Conseil privé ont représenté
« que seroit bien revisiter les commissions et instructions
« des inquisiteurs, pour veoir si elles sont suivant droict
« divin et humain, *ce que toutesfois Son Altesse n'a voullu*
« *sans son consentement* (4) ».

Ce procès-verbal recevra de singulières lueurs des
documents que je vais produire. Je pourrais citer la
Vita Viglii, de Joachim Hopperus (présent à la délibération), les Mémoires latins de Viglius, et les Mémoires
en français d'Hopperus (5). Je me contenterai de citer les
derniers. Voici ce qu'on lit aux pages 287 et seq. :

---

(1) Les ordonnances de Ségovie.

(2) Nous rappelons que Egmond avait été indignement leurré dans
sa mission de 1565. Du reste Philippe était coutumier du fait. Voir
la lettre de son secrétaire d'Etat Gonzalo Perez, dans nos *Considérations générales*, etc.

(3) Présents, outre Madame, Orange, Egmont, Hornes, Arschot,
Berlaymont, Viglius, Hopperus.

(4) Et le procès-verbal se termine par un paragraphe significatif:
« Anabaptistes prisonniers dont Son Altèze avoit escript à Sa
« Majesté.
« Se commandera à ceulx (le Magistrat) de Middelbourg, Utrecht
« et Armentières, où lesdicts prisonniers sont, d'ensuyvre le com-
« mandement du roy (de les faire périr), remectant à eulx de le
« faire en publicq ou secrettement, selon qu'ilz verront ou point
« verront apparence de tumulte ».
Voici comment les inquisiteurs ou les Magistrats, suivant les cas,
procédaient secrettement : on liait le condamné, la tête sur les
genoux, et on le noyait dans un baquet rempli d'eau.

(5) Publiés par M. Alphonse Wauters, dans la collection des *Mémoires de la Société d'histoire de la Belgique.*

« Les lettres (de Ségovie) veues par Madame la Duchesse
« et ceulx du Conseil d'Estat, que fust au mois de novem-
« bre 1565, les princes d'Oranges et de Gavres, conte
« d'Egmont (1), et admiral (2) se monstrarent fort mal
« contens et ennuyés (3), mais, comme c'estoit matière de
« grande importance, fust dict de la faire veoir et examiner
« par ceulx du Conseil privé, pour, eu sur ce leur advis, la
« traicter plus meurement audict Conseil d'Estat ».

Le Conseil privé, étant saisi, discute tous les points
des lettres de Ségovie, la doctrine à inculquer au peuple,
la réformation du clergé, « l'institution des enffans et de
« la jeusnesse », la stricte mise à exécution des placards et enfin l'exercice de l'inquisition. Sur ce dernier
point, « comme le roy ne vouloit introduire aucune nou-
velleté », le Conseil est d'avis

« De reveoir et examiner les commissions et instructions
« des inquisiteurs, tant pour sçavoir sy du passé se soient
« conforméz à icelles comme aussy de pourveoir qu'à l'ave-
« nir ainsy se face ».

L'affaire revient alors au Conseil d'État :

« A cest advis de ceulx du Conseil privé se conformarent
« aulcuns du Conseil d'Estat en tout et partout, mais lesdicts
« trois seigneurs, estant tousjours conformes et de mesme
« opinion entre eulx, ne voulurent donner leurs voix au
« poinct de l'inquisition (4), disans que, *puisque le comman-*
« *dement de Sa Majesté estoit si absolut et exprès*, qu'il n'y
« avoit à traicter sur icelluy ou veoir aucunes commis-
« sions et autres choses, ains tant seullement d'exécuter et
« advertir aussy de ce les consaulx et aultres avec le surplus

(1) Le comte d'Egmont et le prince de Gavres ne font qu'une seule
personne.

(2) Le comte de Hornes.

(3) Voilà pour les protestations des trois seigneurs.

(4) Ainsi ils adoptèrent tous les autres points, et c'est seulement
sur celui de l'inquisition qu'ils déclarèrent ne pas vouloir opiner,
les ordres formels du roi ne laissant point de place à la discussion.

« de la résolution de Sa Majesté, *veuillans toutesfois bien*
« *advertir qu'ilz craindoient fort de grans inconvéniens qui*
« *bientost pourroient succéder à cause d'icelle résolution.*

« Quoy voyant, le président (Viglius) dict que, puisque on
« craindoit cela, qu'il seroit bon de l'empescher et prévenir
« et non accélérer le mal, ce que sans doute adviendroit, si
« aulcune chose s'escrivoit ou s'enchargeoit aux gouverneurs
« des citéz et villes et principallement ad ceulx d'Anvers à
« l'endroict de l'inquisition, et que ce n'estoit le service du
« roy ni le mandement ou intention de Sa Majesté, requé-
« rant avec un très long discours de non entrer en ce pour
« éviter esmotion ou scandale, et sy d'aventure Sa Majesté
« ne l'eust pour agréable, qu'il recepvroit l'indignation à sa
« seule charge.

« Tout cecy nonobstant, fust dict et conclu que, considéré
« l'expresse volunté de Sa Majesté, *il ne se pouvoit faire*
« *autre chose que d'exécuter ses mandemens* ».

Voilà les textes. Il reste maintenant à les interpréter.

Quel était le caractère du président du Conseil privé,
Viglius de Zuychem ab Aytta ?

J'ai dit à la page 80 des *Considérations générales*, etc.
que le vieux jurisconsulte frison était aussi intelligent
que faible de caractère, aussi savant que servile, qu'il ne
cessait de s'associer à des mesures qu'il désapprouvait et
de trouver des textes à l'appui d'actes qu'il condamnait
dans son for intérieur.

Ce n'est pas tout et, puisqu'il s'agit de l'inquisition,
il faut rappeler quel était son système en matière de
répression religieuse. A ce point de vue, je trouve trois
faits culminants, dont deux fort rapprochés par leurs
dates de la délibération dont il s'agit :

1° Viglius était le principal rédacteur du grand édit sur
l'inquisition du 30 mai 1550. Il tenait à son œuvre et s'était
élevé plusieurs fois contre ceux qui critiquaient ce placard
et le trouvaient trop rigoureux.

2° En juin 1565, la duchesse prend, avec l'autorisation
du roi, une résolution qui, si elle eût été pratiquée
sérieusement et avec persévérance, aurait pu porter de

bons fruits. — Il s'agissait de déterminer les adoucissements que l'on pourrait apporter aux placards. Furent convoqués pour le 8 juin à Bruxelles :

Trois évêques : Martin Rithovius (Ypres), Antoine-Joseph Havet (Namur), et Gérard d'Hemricourt (Saint-Omer).

Trois théologiens : Jodocus Tiletanus, Cornelius Jansenius, et Volmar Bernaert, professeur de droit canon.

Trois jurisconsultes laïques : Jacques Martins, président de Flandre, Hippolyte Persyn, président de Hollande et Meulenaere, conseiller au grand Conseil de Malines. L'assemblée fut présidée par Viglius (1).

Ces trois derniers furent d'avis de supprimer la peine de mort en matière d'hérésie dogmatique (2), mais les prélats et les docteurs furent d'avis contraire et Viglius les appuya avec beaucoup d'animation. Comme ils étaient les plus nombreux, ils l'emportèrent (3).

En conséquence il fut déclaré qu'il n'y avait rien à changer aux édits qui, depuis trente-cinq ans, étaient appliqués *à la satisfaction de tous.* Cependant quelques personnes, à raison de leur âge et qualité, pourraient être punies avec moins de rigueur que d'autres. Les peines furent, par exemple, adoucies pour ceux qui, sans être hérétiques ou sectaires, viendraient à contrevenir aux édits par curiosité ou nonchalance.

3° A propos de cette conférence et avant qu'elle ne fût commencée, Viglius écrivait au cardinal Granvelle : « Ne

---

(1) Voir sur ce point la lettre d'Alonzo del Canto au cardinal de Granvelle. (*Papiers d'Etat*, IX, 408.)

(2) *Eran deste parecer todos estos senores que se juntaron aqui para esto solo.*

(3) *Los perlados y dotores fueron de contraria opinion, y el presidente* (le président Viglius) *les faborecio mucho y respondio con mucho animo contra la tal opinion, de tal manera que no pudieron hazer nada de lo que tenian acordado.*

« me plaist point l'opinion qu'il ne faille plus user de
« punition contre les héréticques et c'est ce que plusieurs
« chercent. S'ilz gaignent ce poinct, *actum est de reli-*
« *gione catholicâ,* car, comme la plus part du peuple sont
« sots et ignorans, les héréticques feront bientost la plus
« grande partie, si, par les loix et craincte des paines, ilz
« ne sont tenuz en droict chemin ».

Et voilà l'homme qui, le 1er décembre 1565, venait
s'offrir en holocauste à la colère du roi !

Que durent penser le prince d'Orange, Egmont et le
comte de Hornes? Ils durent se dire : « Viglius, que
« nous connaissons à fond, nous tend un piége. Lorsqu'il
« nous y aura entraînés, il se retournera et nous aban-
« donnera suivant sa louable habitude. Fût-il sincère, il
« ne courrait pas les mêmes dangers que nous. Grâce à
« son dévouement, grâce aussi à ses services tant publics
« que secrets, il rentrera en grâce et nous encourrons,
« seuls, nos amis et nous, la colère du monarque ».

Je n'imagine pas de raisonnement plus plausible, plus
correct.

Il m'est impossible dès lors de comprendre comment
j'ai pu encourir la moindre critique.

Ai-je blâmé Viglius de son intention de temporiser?
en aucune façon ; j'ai dit au contraire que c'était là pour
le vieux « Palinure » une noble façon de terminer sa
carrière.

D'un autre côté, il faudrait supposer un regrettable
parti-pris chez ceux qui soupçonneraient les intentions
de Guillaume de Nassau, des comtes d'Egmont et de
Hornes.

En même temps que ceux-ci refusent de voter sur le
point de l'inquisition, ils expriment leurs craintes, ils
parlent « des grans inconvéniens qui bientost pourroient
« succéder ». Est-ce là le langage de gens qui voient
avec un secret plaisir des ennemis s'empêtrer?

Et puis, le blâme, si blâme il y a, tomberait non-seulement sur les trois seigneurs, mais encore sur des conseillers dévoués, tels qu'Arschot et Berlaymont (1); il tomberait notamment sur la duchesse de Parme ; car, ne l'oublions pas, le procès-verbal officiel porte : « *Ce que Son Altèze n'a voulu sans le consentement du roi* ».

Dernière remarque. — D'après les documents officiels, la résistance ne vint pas du prince d'Orange seulement, mais encore des comtes d'Egmont et de Hornes.

Je crois avoir prouvé jusqu'à la dernière évidence que les critiques qui m'ont été adressées sur ce point ne sont nullement fondées.

§ XI

LES RÉDACTEURS AVÉRÉS DU COMPROMIS
DES NOBLES

Mon honorable contradicteur me fournit (p. 127 et 128) l'occasion d'exposer le résultat à peu près définitif des recherches historiques sur le compromis des nobles.

J'avais dit que probablement Marnix de Sainte-Aldegonde, s'il n'avait pas coopéré à la rédaction du compromis, l'avait du moins inspiré. Je reproduisais ainsi les opinions, toujours considérables, de Strada et de M. Gachard. Suivant les articles de critique publiés en Hollande sur mon ouvrage, comme aussi suivant l'article

(1) C'est ce que dit formellement Meteren : « Et combien qu'il « présentoit qu'il estoit content de prendre sur soy toute la mal- « veullance que la duchesse et ceux de son conseil pourroient « encourir, si est-ce que les autres l'emportèrent et ne voulurent « suyvre son advis ».

de M. Wijnne *(Revue historique)*, le fait est révoqué en doute (1). De plus, on a rectifié l'ordre des conciliabules où fut délibéré le compromis. En premier lieu, viendrait le conciliabule de Spa (été de 1565). — En second lieu, le conciliabule de l'hôtel de Culembourg, à Bruxelles (au Sablon), où vint prêcher le ministre du Jon (quelque temps avant le mariage d'Alexandre Farnèse, c'est-à-dire dans les premiers jours de novembre 1565). Et enfin, en troisième lieu, le conciliabule tenu à Bruxelles, chez Nicolas de Hames, dit Toison-d'Or.

On n'admet pas que Marnix ait assisté à ces conférences. Du moins on ne le sait pas, et dès lors on ne consent à compter que quatre rédacteurs avérés du compromis :

1° Louis de Nassau, frère puîné du prince d'Orange ;

2° Jean de Marnix, seigneur de Tholouse, frère puîné de Philippe Marnix de Sainte-Aldegonde ;

3° Le bâtard de Hames ;

4° Gilles Leclercq, de Tournay.

Le prêche de du Jon et cette circonstance que les quatre rédacteurs avérés du compromis sont des réformés, m'ont amené à dire que l'introduction de la réforme dans les Pays-Bas avait été l'un des ferments des troubles. Cette opinion est toujours la mienne, mais je n'insiste pas, parce que les dissentiments politiques étaient à eux seuls suffisants pour aboutir à une révolution.

---

(1) Il l'avait déjà été par M. Groen van Prinsterer, ainsi que je le rappelle à la page 39 des *Huit mois*, etc.

§ XII

ORIGINE DE L'ÉPITHÈTE DE « GUEUX »

Relativement à l'épithète méprisante de « Gueux »,
donnée aux confédérés des Pays-Bas, j'aurais désiré que
M. Carlier s'étendît un peu plus sur la curieuse contro-
verse que, le premier, je crois, j'ai fait connaître en
France. Lorsqu'on traite ce sujet, il ne faut pas laisser
de côté la dépêche espagnole de la gouvernante en date
du 13 avril 1566, où elle dit : « *Getz, que es un appellido*
« *que ay entre ellos y no se sabe aun lo que quiere signi-*
« *ficar* (1) ».

C'est là un curieux problème. D'un côté ni la gouvernante, ni Egmont, ni Viglius, ni Hopperus n'ont entendu
proférer, dans les scènes des 5, 6 et 7 avril 1566, ce mot
historique attribué au comte de Berlaymont, ce qui est
vraiment surprenant, si le propos a été réellement tenu.
D'un autre côté, la génération spontanée n'existe pas
plus en histoire que dans la nature, et il faut bien que
ce propos, recueilli par tous les historiens, vienne de
quelque part. Il est dès lors plus vraisemblable de l'attribuer à Berlaymont qu'à tout autre.

---

(1) Gueux, qui est une appellation qu'ils ont entre eux et on ne
sait pas ce qu'ils veulent dire par là.

§ XIII

BREDERODE ET LE JEU DE PAUME

L'interprétation donnée par M. Carlier au mot de Brederode : « Nous avons quarante-cinq au jeu et la *chasse* « (au lieu de la *chose*) au mur » est exacte , et je m'explique difficilement comment cette rectification ne m'a pas sauté aux yeux. Toutefois je dois dire que M. Groen van Prinsterer a écrit *chose*.

§ XIV

LE CHEMIN CORBAULT

A la page 142, M. Carlier parle du chemin « des Corbeaux », où les chevaucheurs calvinistes valenciennois faisaient « le limechon » avant de rentrer en ville. La véritable orthographe est chemin *Corbault,* et feu M. Louis Cellier m'a dit que c'était là le nom du propriétaire d'une terre voisine, ou de la terre sur laquelle on avait pratiqué le chemin. Cela serait bien facile à vérifier aux archives de Valenciennes. Ce chemin devait être situé entre Anzin et Saint-Vaast et il me semble que j'ai vu autrefois son nom écrit sur d'anciens titres.

§ XV

LES CONFÉDÉRÉS AUX PRÊCHES DE VALENCIENNES

Je dois me rectifier sur un point de peu d'importance relatif à la présence de quatre seigneurs confédérés, Famars, Wingle, La Croix et Ohain, au prêche du 11 août 1566.

J'ai dit *(Grands Prêches,* p. 38) : « Les chevaucheurs « étaient au nombre d'environ cinquante et parmi eux on « remarquait quatre seigneurs appartenant à la ligue des « Gueux, etc. »

Cette rédaction est amphibologique et M. Carlier a pu croire en effet que les quatre seigneurs s'étaient rendus au prêche mêlés aux autres chevaucheurs calvinistes.

J'ai recouru aux dépositions des espions des commissaires et il me semble qu'ils ne s'expriment pas de cette façon. Ils disent simplement qu'étant au lieu où se tenait le prêche (vis-à-vis le cabaret du *Rouge-Cœur,* à Anzin), ils ont vu cinquante chevaucheurs (ou gens à cheval), au nombre desquels étaient lesdits quatre seigneurs.

Cette différence se comprend. Les espions se rendaient d'avance au lieu des prêches pour reconnaître les auditeurs au fur et à mesure de leur arrivée. Ils constatent toujours ce qui s'est passé au *Rouge-Cœur* et aux *Baillettes* du marais de l'Espaix, mais non ce qui a eu lieu pendant l'aller du prédicant.

Je suis d'ailleurs parfaitement convaincu que les quatre confédérés n'étaient là que pour observer. Les seigneurs voyaient les prêches de mauvais œil et savaient fort bien que leur cause s'en trouverait compromise.

§ XVI

LE BRIS DES IMAGES

M. Carlier m'adresse, au sujet du bris des images, diverses observations concernant tant Valenciennes que les Pays-Bas en général (p. 150, 154 et seq.). Je vais m'efforcer de le satisfaire.

1° Les ministres ou prédicants ont-ils pris *une part effective* au bris des images ?

J'ai déjà résolu cette question par la négative ; seulement il est possible que mes explications aient été incomplètes.

Il y a deux manières de s'associer à des actes tels que *le bris :* par la parole, par des excitations générales et doctrinales, ou bien par l'action.

Bien évidemment les prédicants ont, par leurs discours, contribué à allumer l'incendie, en dépit de toutes les recommandations qu'ils pouvaient faire touchant le respect dû aux lois et aux autorités. Ne l'ai-je pas déjà dit explicitement ? *(Huit mois, 229.)* « Lorsque les prédi-« cateurs, lui (au peuple calviniste) montrant les images « peintes ou taillées, prononçaient les mots de « supersti-« tion romaine ou d'idolâtrie » ; quand ils rappelaient « la « jalousie du Dieu vivant », alors ce n'était plus la soif du « martyre qui le prenait, *c'était la fureur qui lui montait* « *au cerveau...* Dans les Pays-Bas, les prédicants s'étaient « fort exercés sur le culte des idoles, etc. »

C'est aussi l'opinion de M. Wijnne *(Revue histo-rique,* VIII, 393, 394) : « Le bris des images, dit-il, est

« le résultat *spontané* de certaines dispositions morales
« longuement préparées ou affermies par d'ardentes pré-
« dications ».

Mais quant à la participation *effective* des ministres, je
ne la vois, pour mon compte, nulle part. Certes, elle
n'existe pas à Anvers (1) ; j'ai raconté le bris anversois
dans tous ses détails, comme une sorte de prototype, et
on ne rencontre aucun prédicant dans les scènes de
dévastation. A Gand, Junius déploie la plus grande
énergie pour arrêter Guillaume-Liévin Onghena et Claude
Goetghebuer, chefs des dévastateurs.

A Tournai, le 19 août 1566, le ministre Ambroise Wille

« fit la presche et blasma fort aucuns du pays de Flandres
« illocq présens, lesquelz, de leur autoritée privée, s'estoient
« ingéréz de abattre les imaiges en pluiseurs lieux circom-
« voisins, disant que ce ne se devoit faire sans l'autorité du
« Magistrat et qu'ilz devoient en premier lieu oster les
« ymaiges dominans ès cœurs des hommes, si comme ava-
« rice, luxure, envie et autres vices et péchés intérieurs,
« avant de procéder à l'abat des idoles extérieures (2) ».

A Valenciennes même, on n'aperçoit nulle part, le
24 août 1566, Pérégrin et Guy de Bray. Où sont-ils ? Je
l'ignore. Sans doute ils sont rentrés chez eux et, pour
peu qu'ils aient de clairvoyance, ils peuvent calculer le

(1) Cela est si vrai qu'à Anvers, un des ministres, Hermann
Modet, dit Strycker, fut véhémentement blâmé par ses collègues et
ses coreligionnaires pour son langage imprudent. Il avait dit « que
« les idoles devaient être retirées aussi bien hors des yeux que
« hors du cœur des hommes ». C'était là assurément un langage
aussi inconsidéré que blâmable et Modet dut se justifier. (Cet écrit
se trouve à la bibliothèque de Bourgogne, à Bruxelles.) — Dans
cette justification, il avance qu'il a arrêté le bris sur plusieurs points
et dans plusieurs églises ou couvents. Puis il ajoute : « M'accuser
« d'avoir provoqué cette sédition par mon prêche, c'est comme si
« l'on disait qu'Elie a ameuté Israël par sa doctrine. On sait ce que
« le prophète répondit au roi. Enfin je me console de ce qui m'arrive,
« à moi comme à tous les prophètes, à Christ et à Paul, etc. »

(2) Mémoires de Pasquier de Le Barre, procureur général de la
commune de Tournai, I, 132. (Publication de la Société de l'*Histoire
de Belgique.)*

dommage que ces sauvages excès portent à leur cause.
M. Carlier pense qu'ils excitèrent le consistoire. « A qui
« le consistoire obéissait-il ? » écrit-il, p. 135, aux prédicants.

Cela est possible en thèse générale, mais dans le cas
spécial du bris valenciennois, je doute que les choses se
soient passées ainsi, en raison de circonstances particu-
lières. Voici en effet comment le « besoigné » des commissaires royaux envoyés à Valenciennes en 1567 présente
les faits (1) :

Jacques Joffroy (le besogné ne parle pas d'Allart Bar)
arrive à Valenciennes, le 23 août, à huit heures du soir.
Le Magistrat convoque le Conseil particulier. On décide :
1° que l'on fera appeler quelques calvinistes de marque,
afin de s'entendre avec eux ; 2° « que l'on feroit assem-
« bler les trois cens testes bourgeois avec les sermens et
« aultres bourgeois de la ville, pour obvier à plus grand
« désordre et pilleries ».

Philippe Muchet, le fourreur du pont des Rosneaux, le
serrurier Jehan le Vasseur et autres se rendent au sein
du Conseil et déclarent que le bris n'aura lieu ni la nuit
suivante, ni le samedi 24 août, *attendu que le samedi est
un jour de marché.*

Pendant la nuit, arrive le messager d'Antoine Collart
avec les lettres du conseiller pensionnaire dictées en
quelque sorte par Noircarmes. A six heures du matin,
nouvelle réunion du Conseil. On lit les lettres de Collart
et on les communique aux principaux calvinistes, qui
prennent un engagement à peu près semblable à celui de
la veille, à savoir que le bris n'aura pas lieu, « du moins
« jusques à l'après disner que le marchié seroit achevé »
(singulière préoccupation de marchands !). Ainsi le bris
paraissait bien décidé ; seulement il devait avoir lieu au

(1) Archives de Bruxelles.

plus tôt dans l'après-midi du 24. Mais voilà qu'au même moment arrivent les autres consistoriaux revenant de Bruxelles. Sans débrider, sans rentrer chez eux, ils parcourent la ville, racontent ce qu'ils ont vu à Bruxelles, affirment que partout on détruit les images et aussitôt commence le bris valenciennois. Et dans tout ce « besogné », pas un mot des deux ministres. Je crois donc que Pérégrin et Guy n'eurent pas à exciter les consistoriaux qui revenaient de Bruxelles dans un état sensible d'exaltation. Ils ne firent pas pour cela tout leur devoir : ils devaient, tant à leur ministère sacré qu'aux intérêts de leur cause, de ne rien négliger pour arrêter les saccageurs (1).

Je n'ajouterai rien à ce que j'ai dit de l'abstention des confédérés, puisque M. Carlier les montre, les uns s'irritant, les autres se lamentant (p. 157).

2° Y eut-il des vols, peu de vols, ou un certain nombre de vols au cours de ces excès ?

A priori il est absolument impossible qu'il n'y ait pas eu de vols, par la raison bien simple que, dans ces sortes de mouvements, des voleurs ou malfaiteurs se mêlent toujours aux combattants ou aux exaltés.

M. Carlier parle, après moi, de la proclamation des wyckmaistres d'Anvers, tendant à la restitution des objets volés. Voici, information prise, comment les choses se passèrent : le 24 août 1566, suivant Meteren, ou le 23 au soir, suivant d'autres, le ministre Jean Taffin pré-

---

(1) Voici l'extrait textuel du « besogné » :

« Sur ce l'on feit courjr ung bruit avant la ville qu'il estoit venu
« lettres du comte d'Egmont pour procéder audict bris et peu après
« arrivèrent ceulx qui estoyent allé audict Bruxelles, quy fust cause
« que l'on commença à saccager les églises *sans aultre délay.*
« Ceulx qui estoyent retournéz de Bruxelles feirent incontinent
« ouvrir les portes, disant par ledict Franchois Voisin qu'il avoit
« chose d'importance à déclarer au Magistrat, maintenant en outre
« que l'on saccageoit les églises partout, et luy entré dans la ville,
« se transporta au lieu où se fasoit ledict bris, déclarant le mesme ».

senta, au nom des consistoriaux, au bourgmestre van der
Heyden un rapport exposant

« Que le brisement d'images estoit arrivé sans leur con-
« sentement et volonté, qu'ilz n'approuvoyent poinct ceste
« manière de faire ; qu'ilz blamoyent et détestoyent le larcin,
« le pillage et autres insolences qui s'en estoient ensuyvies ;
« *que leurs ministres exhorteroient, comme desjà ils avoient*
« *faict, de rapporter ès mains des seigneurs ce qu'on avoit*
« *dérobé, etc.* ». (Meteren.)

Alors eut lieu la proclamation des wyckmaistres et le
même historien anversois (qui, bien qu'appartenant à la
religion réformée, ne peut être négligé) atteste que
le ban eut de bons résultats :

« Si est-ce que toutesfois plusieurs joyaux, ouvrages d'ar-
« gent et autres choses furent apportées sur la maison de
« ville ou ailleurs. Quelques métiers ou confrairies recou-
« vrèrent de ces gens par belles paroles plusieurs beaux et
« excellens tableaux ».

A Tournai, l'on poussa le scrupule jusqu'aux dernières
limites. Le pavé de la cathédrale était jonché de perles,
de pierres précieuses, de calices ou de reliquaires d'or.
Tout cela fut inventorié, pesé et enfermé dans des coffres,
lesquels furent enfermés sous une garde sévère dans la
prison de Pipegnye. Les clefs de cette prison furent par-
tagées entre les ministres et le Magistrat. (*Mémoires*
de Pasquier de Le Barre, I, 136.) Le 4 septembre, le
comte de Hornes fit publier un ban prescrivant la restitution des objets volés. Rien ne fut rapporté, dit
Motley, par la raison que rien n'avait été volé (1).

---

(1) « Et aussy à vraiment parler, il n'y eut aucunes pilleries ou
« desroberies faictes de quelques choses qui fuissent de valeur ou
« importance... Trop bien, pouvoient aucuns meschans garnemens
« ou larrons en cachette avoir desrobé aucunes baghes de petite
« importance. Toutefois, l'avoient fait si secrettement que, jusques
« audit jour, n'en vint quelque advertence à la justice ». (*Mémoires*
de Pasquier de Le Barre, I, 168.)

Quant à Valenciennes, je n'aperçois aucun vol et voici mes autorités :

A. — M. Carlier dit (p. 149) que, dans plusieurs églises et notamment au cloître Saint-Paul, les chasubles et autres ornements sacerdotaux furent jetés au feu, si bien que l'or et l'argent en découlaient. C'est là une œuvre de fanatiques et non une œuvre de voleurs. Les voleurs ne brûlent pas ce qu'ils convoitent.

B. — J'ai cité dans le tome V des *Mémoires de la Société d'Agriculture, Sciences et Arts de Valenciennes* (p. 404), une délibération du Conseil particulier, en date du 26 août 1566, où l'on voit des sectaires venir exiger que l'on brise en menus morceaux « plusieurs parties de « reliquaires » provenant de Notre-Dame-de-la-Chaussée. Ces objets, déjà rompus le 24 août, avaient été apportés en la maison de ville par Nicolas Toillier, marguillier (gliseur) de ladite église. Donc les saccageurs les avaient laissés sur place, et s'ils exigeaient ensuite que ces objets fussent fractionnés en plus petits morceaux, c'était afin que les débris fussent rendus à tout jamais impropres au culte. — Par la même raison de fanatisme, les iconoclastes refusent l'argent qui leur est offert pour épargner le jubé et les orgues de Saint-Jean, ainsi que les reliques du martyr Victor, fait attesté par d'Oultreman, qui, certes, n'entend pas « flatter la rébellion et l'hérésie « ni la qualifier bénigne et débonnaire ».

C. — Je pourrais multiplier les citations pour les autres églises de Valenciennes. Cela me paraît inutile, car mon honorable contradicteur possède, j'en suis convaincu, l'enquête faite par les commissaires après le siége. Je ne puis cependant résister à la tentation de citer le passage suivant de l'interrogatoire de Jehan Pattou ou Pattoul, maître des orphelins et l'un des principaux saccageurs de Notre-Dame-la-Grande. Le manuscrit de Bruxelles, en fort mauvais état, présente des lacunes qu'il faut suppléer tant bien que mal :

« Septembre 1568. — Jehan Pattoul, ressuy sur ses char-
« ges, dénie avoir eu aucun baston (arme) quand il fust à
« Notre-Dame la Grande..... Ayant esté présent quand la
« châsse fust rompue, de laquelle il rassembla plusieurs
« pièches d'argenterie qu'il meit en ung chappeau de velours,
« appartenant à (lacune)., qu'il arracha à ung garson, que
« depuis il délivra ès mains de Nicolas Wicart, confessant
« avoir esté jusques au pont de sa maison avec ledict chap-
« peau, allant quérir son manteau en sa maison, *pour suyvir*
« *la charrette chargée des biens meubles de ladicte église qu'il*
« *feit amener en la maison (de ville)* ».

D. — Nous verrons plus loin, en examinant la conduite
du Magistrat pendant cette funeste journée, qu'il ne cessa
d'emmagasiner dans la maison échevinale les débris d'orfévreries qui lui arrivaient de toutes parts des églises.
Nous citerons les textes.

E. — Ces débris, qui avaient une grande valeur, restèrent à l'hôtel-de-ville pendant tout le siége et furent
respectés pendant les moments les plus difficiles. Voici
ce que nous lisons dans une délibération de conseil où
assistent ce qui reste du Magistrat et quelques-uns des
principaux bourgeois appartenant à l'une et à l'autre
religion :

« 25 janvier 1567. — ... Sur quoy pluisieurs auroient esté
« d'advis de prendre au poix *les argenteries estantes brisées*
« *et cassées venant des églises, qui estoient tant en la maison*
« *de ville ou aillieurs*, que pour en povoir entretenir en ou-
« vraiges lesdicts povres, à charge de cy-après les restituer
« et rendre aussy au poix, s'il estoit ainsy trouvé et ordonné,
« et aultres auroient advisé et trouvé plus expédient *(pour*
« *non yrriter la court)* de lever deniers, etc... »

Ajoutons enfin à ce qui précède la grande autorité de
d'Oultreman :

« ... Je me souviens très-bien, dit-il, de tout ce qui se
« passa dans cette abominable journée (il avait de dix à
« onze ans). Les Huguenots se donnèrent bien de garde...
« non pas mesmes de voler les richesses des églises, sinon
« peut-être quelques-uns à la dérobée, de peur de salir leur
« zèle prétendu et d'estre estimez brigands ».

J'ai dit et je répète que la vie des ecclésiastiques fut épargnée.

En effet, à Anvers, que voyons-nous ? Une vieille vendeuse de chapelets houspillée par la populace, qui disperse sa marchandise, sans faire à la marchande autrement de mal. C'est un acte de méchante gaminerie. Aucun ecclésiastique ne fut maltraité, aucune femme outragée. On se borna à mettre en liberté les religieux détenus à titre disciplinaire dans leurs couvents (Motley).

A Valenciennes, j'ai parlé, le premier, je crois, des trois chartreux blessés. Sans doute c'est trop encore, mais mon honorable contradicteur ne peut ignorer les exagérations contenues dans certaines relations catholiques ou espagnoles. De même qu'on y voit l'or et l'argent fondus couler hors des églises, de même l'on y voit le sang couler à flots. Il y est parlé d'une centaine d'ecclésiastiques tués ou blessés. De là à la réalité il y a loin.

« Certain chroniqueur, rapporte le zélé catholique d'Oul-
« treman, dit que les calvinistes firent mourir une centaine
« de prestres en cette ville, les uns écorchéz, les autres
« couppéz par morceaux, d'autres brusléz à petit feu... Je
« puis bien asseurer qu'on n'y blessa pas un seul prestre...
« Les Huguenots se donnèrent bien de garde d'offenser au-
« cunement les images vivantes (1). »

J'ai même fait observer que, le soir du 24 août, quelques calvinistes se rendirent chez messire de La Croix, abbé de Saint-Jean, « pour se condouloir avec luy ».

Afin d'épuiser les objections de mon honorable contradicteur, il me reste à discuter une de mes assertions,

---

(1) A la fin du siége, c'est-à-dire en un de ces moments où la population affolée se livre aux derniers excès, les prêtres qui étaient restés à Valenciennes ne subirent aucun mauvais traitement :
« Trois ou quatre bons vieillards tenoient compagnie au prélat de
« Saint-Jean et ne sortoient guères de la maison. Sy ne reçeurent-ilz
« toutesfois aucune injure ny fascherie, excepté qu'on leur fist dé-
« fense de dire la messe..... » (D'Oultreman.)

à savoir : qu'avec un peu d'énergie, le Magistrat aurait pu arrêter le bris à Valenciennes (1).

On sait déjà par les documents publiés dans le tome V des *Mémoires* et par un extrait rapporté plus haut que, dès le 23 août au soir, le Magistrat et le Conseil particulier prirent la résolution de convoquer pour le lendemain les serments et les trois compagnies bourgeoises. La convocation eut lieu et dès six heures du matin la force armée occupa le grand marché. Elle y resta jusqu'à une ou deux heures de relevée, la pique au pied, sans ordres, sans emploi, livrée à l'incertitude et au découragement. On a vu dans nos discordes civiles ce que valent les meilleures troupes abandonnées à elles-mêmes et laissées sans direction.

Enfin, quand le bris fut terminé, le Magistrat renvoya les soldats bourgeois dans leurs quartiers.

Voici en quels termes les commissaires royaux caractérisent la conduite du Magistrat :

(1) M. Carlier voit une contradiction dans ces deux faits : que le mouvement iconoclastique était désavoué par les calvinistes les plus éclairés (tome V des *Mémoires*, p. 394), et cette circonstance qu'à Valenciennes, on vit des consistoriaux à la tête des saccageurs. Avec un peu d'attention, il aurait vu qu'il n'y avait là aucune contradiction, attendu que le sommaire de la pièce 93 dudit tome V s'applique à l'ensemble des Pays-Bas et non à Valenciennes. J'y parle en effet d'un mouvement « qui était désavoué par les calvi-« nistes les plus éclairés et qui ne fut suivi que par la populace « *des villes* ». Sur ce dernier point, tous les historiens, tant catholiques que réformés, sont d'accord et la Gouvernante elle-même ne tient pas un autre langage. Meteren surtout, que presque tous les autres ont copié, est curieux à consulter. Tantôt il dit que parmi les iconoclastes, « il n'y avoit personne de qualité qui s'en gloriflast « ou qui approuvast ceste manière de faire »; tantôt il appelle les saccageurs « un tas de canailles ». Dans un passage il s'exprime ainsi : « Cela ayant esté pour la pluspart faict par des garçons, « faynéants ou gens meschants ». Enfin il avance que « la mesme « préservation advint en plusieurs autres villes, lorsqu'on s'apper-« çeut que c'estoyent pour la pluspart des garnemens, larrons, « soldats, vagabonds et gens de mauvaise vie qui s'en mesloient et « non beaucoup de gens de la religion réformée, combien que, au « commencement, ilz s'estoient monstréz fort zéleux (contre le culte « des images), mais ces meschans garnemens se couvroyent de « ceux de la religion,... et enfin culx-mesmes empeschèrent le bri-« sement ».

« Pendant que le bris se faisoit dedans la ville, les trois
« cens testes bourgeois furent assemblés par commande-
« ment du Magistrat et *gardèrent le pavéc du marchié*, et
« ceulx du Magistrat furent occupéz à faire retirer en la
« maison de la ville les orfévreries et métaulx procédans des
« ruines des églises et aucuns relicquaires de Notre-Dame
« de la Cauchie ».

Ainsi le Magistrat se contente de aire garder le marché. Comme la maison échevinale s'y rouvait, je crains
bien que, le 24 août 1566, il n'ait un peu trop pensé à sa
sûreté personnelle. Il emmagasine les orfévreries brisées, c'est fort bien, mais il eût encore mieux fait de
tâcher de les sauvegarder (1).

L'aurait-il pu ? Écoutons ce que nous dit à cet égard
un des notables de la compagnie de Michel Herlin, le
marchand de vin Roland de le Flecquière :

« Interrogué, confesse avoir esté en armes sur le marchié
« avec ceulx de sa compaignie, le jour du saccaigement des
« églises, ayant esté illecq ordonnéz par Messieurs de la
« Justice. Ne sçait la cause pour quoy ilz furent illecq assem-
« bléz, parce que l'on feist simple commandement de se
« trouver chascun en leur quartier ».

Je comprends fort bien l'étonnement de de le Flecquière. Il sera partagé par tous les soldats que l'on
convoquera pour les laisser sans ordres.

« Interrogué pourquoy ils n'ont fait leur debvoir d'empes-
« cher ledict saccaigement, attendu que les trois compaignies
« bourgeoises avoient esté mises sus pour empescher telles
« et semblables esmotions populaires, dict qu'ilz ne l'au-
« roient faict, *pour ce qu'il ne leur auroit esté commandé de
« ce faire, ce qu'ils eussent faict si la justice leur euist com-
« mandé*, disant qu'il (ici une lacune que je déplore).....
« faict, *on euist bien empesché ledict saccaigement* ».

(1) Cette inertie du Magistrat valenciennois fut observée dans quantité d'autres localités, par exemple à Anvers. Meteren dit que, dans
cette dernière ville, les membres de la loy parurent comme « ensor-
« celéz ».

Ces témoignages, que je porte le premier à la connaissance du public, ne sont pas sans valeur, mais mon meilleur argument, sans contredit, m'est fourni par mon honorable contradicteur. Il me montre Noël Leboucq, Nicolas Toillier et quelques courageux catholiques se portant à la défense de Notre-Dame-la-Grande et la préservant pendant quelque temps, puis réussissant à sauver la chapelle de la Maison-Dieu. Qu'il compare donc cette conduite avec celle du faible Pierre Rasoir ! Je crois être en droit de dire que, si Noël Leboucq ou quelque citoyen de sa trempe eût été prévôt de la ville, il serait descendu sur la place publique, aurait harangué les soldats bourgeois, les aurait entraînés par son exemple, et, peut-être, Valenciennes compterait-il une journée néfaste de moins.

Je crois avoir répondu à toutes les objections de mon savant contradicteur et, à ce sujet, peut-être vais-je bien l'étonner en lui apprenant qu'à l'étranger j'ai été trouvé trop modéré. Pourquoi, m'a-t-on dit, n'avoir pas rappelé le passage de Marnix alléguant que dans certaines villes, on vit parmi les saccageurs les serviteurs du Magistrat (1) ? Pourquoi n'avoir pas cité Blaes (cité par M. Carlier), lequel rapporte « que les excès ont été « commis à l'incitation des catholiques, partisans du « gouvernement espagnol et de l'inquisition, afin de « trouver des raisons suffisantes de se porter aux derniers « excès contre les dissidents (2), etc., etc. ».

Pourquoi ? parce que je ne crois à rien de tout cela, aurais-je pu répondre, mais je n'ai pas répondu.

Toujours est-il qu'attaqué des deux côtés, je commence à croire que j'ai été impartial et que j'ai pratiqué la maxime : *In medio stat virtus.*

(1) Ces Magistrats pouvaient être des calvinistes.

(2) *Mémoires anonymes sur les troubles des Pays-Bas*, p. 13 et seq.

XVII

LOYALISME DU COMTE D'EGMONT ET DES « INDÉCIS »

J'ai dit en plusieurs passages de mes ouvrages que les excès inexcusables des iconoclastes avaient eu pour effet de rejeter dans les bras du roi un certain nombre de confédérés et, à la tête de ceux-ci, j'ai placé le comte d'Egmont.

Pourquoi, dit M. Carlier, « hésiter à n'attribuer qu'aux « violences des sectaires la rupture de la ligue des « Gueux ? » (P. 160.)

Pourquoi ? pour une raison fort simple, c'est que ce ne serait point là toute la vérité.

Assurément, l'iconoclastie fit grand tort à la ligue des Gueux, ou à la cause que M. Carlier appelle, comme moi, la cause nationale. Mais il existe deux autres raisons qui entravent le mouvement anti-espagnol. La première, c'est l'accord des 23-25 août 1566, qui, d'après son texte même, mettait fin « à toutes ligues et confédérations ». Le peuple n'y comprit rien et le compromis des nobles se trouva ruiné *ipso facto*. La seconde raison gît dans les sentiments foncièrement royalistes de quelques grands seigneurs ou confédérés. En 1565, le comte d'Egmont, le duc d'Arschot, le comte de Megen, le comte d'Aremberg et autres, qui ne tardèrent pas à rentrer dans le parti gouvernemental (Noircarmes lui-même est du nombre), étaient tout aussi opposés à la publication des décrets du concile de Trente, à l'introduction ou au développement de l'inquisition « comme en Espaigne », aux mesures préconisées par les lettres de Ségovie que pouvaient l'être le prince d'Orange, le marquis de Berghes, le comte de Hornes, etc. Pourquoi cependant les voit-on virer de bord dès les premiers mois de 1566 ? Parce qu'ils considèrent la ligue et le compromis des nobles comme *attentatoires au pouvoir royal*. Il n'était certes pas question alors du bris des images.

Je m'étonne d'autant plus de rencontrer cet exclusivisme chez M. Carlier qu'il a lu mon étude, intitulée *Huit mois de la vie d'un peuple,* avec une attention dont je lui suis reconnaissant. Qu'il relise donc les pages 55 et 56 de ce mémoire et qu'il veuille bien méditer un instant sur la contenance et sur la conduite des comtes d'Egmont et de Megen dans le conciliabule de Hoogstraeten (13 mars 1566). Je lui rappelle les jugements que j'ai exprimés. « Le plan de Guillaume de Nassau ne réussit « pas, et ce qui le fit échouer, ce fut précisément l'im- « pression que produisit sur Egmont et sur Megen, le « langage des confédérés... Egmont croyait encore avoir « de plus fortes raisons pour hésiter sur l'objet essentiel « de la délibération. Sans doute il penchait vers les idées « de tolérance, *mais ce qu'on lui demandait, n'était-ce* « *pas de manquer à son devoir envers le souverain ?* La « révélation de ces mêmes projets jeta Megen dans une « véritable fureur et à compter de ce jour il devînt pour « les confédérés un ennemi acharné... » Certes, il s'agissait alors de politique et non de religion.

La vérité, la voici en deux mots : Egmont, Arschot, Megen, Aremberg et autres seigneurs voulaient bien faire des représentations au roi, et même faire sentir leur opposition à la duchesse de Parme, afin que celle-ci appuyât leurs demandes auprès de son frère, mais du moment où Philippe II passait outre, ils n'entendaient pas résister. « Ils pensaient en hommes de bien », dit Vandervyckt, dans son livre aussi rare qu'estimé : *Si vuole*

aqua, non tempesta (ils voulaient de l'eau mais non la
tempête). « Ils voulaient maintenir les priviléges, vivre
« en liberté comme du devant, écarter toutes les nou-
« veautés et l'oppression, mais ils ne voulaient changer
« de religion ni de maître. »

Cette vérité est tellement claire, tellement palpable que
je pourrais l'étayer par vingt citations plus convaincantes
les unes que les autres. Je me contenterai de citer un
mot de M. Wijnne d'Utrecht parlant des principes de
d'Egmont, « qui lui prescrivaient *de ne pas prendre les*
« *armes contre son roi* et de ne faire nul tort au catho-
« licisme ».

Une fois lancé sur cette fausse piste, M. Carlier tombe
à la page suivante (f° 161) dans une erreur complète au
sujet du comte d'Egmont (considéré spécialement et à
part) et des « indécis » qui rentrèrent dans le camp royal,
aussitôt après l'iconoclastie. Il représente ces derniers
comme « restant debout auprès du plat rempli d'ordures »
dont parle Brederode, c'est-à-dire comme enchaînés
dans une immobilité fatale en face de la situation critique
engendrée par les exigences et les excès des turbulents
et des factieux.

C'est là, je le répète, une erreur complète. Tous les
« indécis », tous ces hommes tiraillés entre des penchants
contradictoires, sollicités d'une part par leur haine pour
l'inquisition et les mesures de rigueur ou de coercition,
retenus de l'autre par leur éducation et leurs antécédents
royalistes, tous ces hommes, dis-je, choisirent entre
deux maux celui qu'ils considérèrent comme le moindre.
Ils se redonnèrent à un roi qu'ils n'aimaient pas, qu'ils
n'estimaient pas, qui ne leur inspirait (à bon droit) aucune
confiance, uniquement parce qu'il était *le roi* et représentait *la royauté*. Il ne resta auprès du symbolique
« plat d'ordures » que les violents et les fanatiques, et je
ne suppose pas que parmi ces derniers on veuille comprendre le prince d'Orange qui faisait pendre des icono-

clastes à Anvers (1), encore moins le comte d'Egmont qui, à Grammont et dans d'autres localités de la Flandre, se montra si impitoyable à leur égard.

D'Egmont est un « héros naïf ». Je ne puis qu'engager encore une fois M. Carlier à lire le beau livre de M. van Praet. Le portrait du comte y est tracé de main de maître. L'éminent historien commence par parler « de « ces ambitieux *indécis* (le mot y est), se disant méconnus « et négligés, flottant entre l'église et la réforme, entre « le roi et la révolution, avec une préférence constante « pour ce qui existait d'ancienne date, nuance qui se « personnifie dans le comte d'Egmont », puis il continue en ces termes :

« Avec de grandes qualités et de remarquables aptitudes, « Egmont avait le cœur simple, l'esprit crédule et la volonté « chancelante... Il était de ceux qui restent au-dessous des « devoirs d'un rôle audacieux, et se résignent cependant « avec peine à ne rien être... Il représente une classe de la « société qui, destinée et résolue à défendre le trône par son « épée, est jetée par l'imprudence des rois hors de ses voies « et de ses convictions... Il n'avait rien de ce qu'il fallait « pour le rôle *intermédiaire* qu'il s'était choisi, ni froideur, « ni empire sur lui-même, ni dissimulation, secondant les « réformés dans leurs actes, tandis qu'il désavouait leurs « paroles et repoussait leurs croyances ».

N'est-ce point là le type de l'indécis ?

A quoi servent de tels hommes dans l'histoire et quelle est leur destination naturelle ? Servir de dupes, voilà leur lot. Ils sont les « ponts » sur lesquels passent les audacieux. Egmont fut « le pont » sur lequel passa le duc d'Albe. Sans sa fidélité morose, sans son loyalisme peu affectueux et peu sympathique, mais réel au point de

____

(1) *Huit mois de la vie d'un peuple,* 221.

vue du fait et du résultat, jamais le duc d'Albe ne serait entré dans les Pays-Bas (1).

§ XVIII

INTERPRÉTATION DE L'ACCORD DES 23-25 AOUT 1566

A la page 170, je trouve trace d'une divergence de vues existant entre M. Carlier et moi relativement à l'interprétation de l'accord des 23-25 août 1566. Marguerite de Parme, allègue mon savant contradicteur, ne cessa d'accorder aux calvinistes valenciennois et sans doute aux autres le *statu quo* du 23 août 1566, tandis que les réformés réclamaient celui du 25 août.

Je ferai d'abord observer à M. Carlier qu'il tranche légèrement une question fort controversée et pour la solution de laquelle on a déjà fait grande dépense d'encre et d'arguments.

L'accord, considéré comme acte unilatéral émané de la

(1) Ceux qui seraient tentés de repousser cette assertion peuvent lire le passage si caractéristique de Pontus Payen, qui appelle Egmont « l'espée des Pays-Bas ». (I, 260.)
« S'il se fust ouvertement déclaré chef de la ligue, suivant le
« conseil du prince d'Orange (lors de l'entrevue de Termonde, le
« 3 octobre 1566), vous l'eussiez veu marcher en campagne avec une
« armée de 50,000 hommes et avoir réduit en sa puissance la ville de
« Bruxelles... Plus de la moitié des bandes d'ordonnance eût suivi
« son parti, et la noblesse, dédiée pour la plus part à son service,
« n'eust combattu d'allégresse contre celuy qui tant de fois l'avoit
« honorée et caressée. » — Conf. avec ce passage de l'apologie du
prince d'Orange : « Si mes frères et compaignons de l'ordre et du
« Conseil d'Estat eussent mieus aimé conjoindre leurs conseils avec
« les miens que de faire si bon marché de leurs vies, nous eussions
« tous employéz corps et biens pour empescher le duc d'Albe et
« les Espaignols de rentrer dans le pays ».

duchesse de Parme , est du 23 août 1566, mais il ne fut accepté par les confédérés que deux jours après, le 25 (1). De là deux systèmes. L'acceptation rétroagit au 23 août, comme en matière de condition suspensive, disent les uns. L'accord, disent les autres, est un acte synallagmatique à deux dates, et dès lors il n'a d'existence et de vertu qu'à partir de la seconde. On s'imaginerait difficilement le désaccord qui existe sur cette date entre les historiens. Pontus-Payen ne parle jamais que du traité du 24 août. Meteren le place au 25. Ouvrez maintenant le supplément à Strada et relisez les proclamations du comte de Hornes à Tournay ; vous trouverez la même date du 25.

Si des historiens , des jurisconsultes ne sont pas d'accord entre eux, on comprendra facilement la dissidence qui s'est élevée de suite sur ce point entre les intéressés.

Mais ce n'est pas là que réside « l'amphibologie » ou le vice de rédaction dont j'ai parlé à plusieurs reprises. Voici le point délicat : l'accord, qui, si l'on ne considère que le texte, consacre seulement la liberté des prêches, là où ils ont eu lieu antérieurement à la convention, comprend-il implicitement l'administration des sacrements ? Les réformés et les confédérés résolvaient la question affirmativement. Les sacrements , notamment ceux de baptême et de mariage, quelquefois aussi celui de la cène, étant administrés en plein air, *sub jove* et à la fin des prêches, faisaient, disaient-ils , partie intégrante de ces derniers et les concessions relatives aux uns devaient s'étendre aux autres. Cela était d'autant plus indiqué que, dans quantité de villes ou de localités , les religionnaires n'avaient pas de temples. On prétendait encore que, au

____

(1) *Huit mois de la vie d'un peuple,* p. 249.— Tome VI, p. 99 des *Mémoires,* où il est dit en toutes lettres que l'accord n'a été accepté que le 25.

cours des pourparlers ayant précédé l'accord, la gouvernante avait autorisé « l'exercice entier de la religion ». Seulement ces derniers mots n'avaient pas été couchés par écrit pour ne pas irriter davantage le roi.

La duchesse de Parme, de son côté, dénia formellement le fait et déclara vouloir s'en tenir à la lettre de l'accord qui ne parlait que des prêches. Elle s'y prit, il faut le dire, un peu tard, car cette doctrine n'est développée officiellement que dans une lettre circulaire aux Conseils et aux Magistrats des villes, en date du 4 décembre 1566.

M. Carlier prétend que j'ai été sévère pour la duchesse de Parme. Beaucoup d'autres au contraire ont déclaré que j'avais été trop doux, trop modéré. L'autorité et le nombre sont, il faut le dire, de ce dernier côté, surtout depuis que M. Gachard a publié parallèlement la correspondance ostensible et officielle de la duchesse (en français) et sa correspondance secrète (italienne et espagnole) retrouvée à Simancas. Ces deux correspondances sont dictées par un esprit différent. Les mêmes personnes, dont les services ont été proclamés dans l'une, sont, dans l'autre, victimes des calomnies et des insinuations les plus perfides. Ce double jeu, cette double face devaient être et ont été sévèrement appréciés. Je n'en dirai pas plus sur ce point de vue général et reviendrai de suite à la question spéciale qui nous occupe. Il s'agit en somme de déterminer : 1° qui a raison, qui a tort dans l'interprétation de l'accord ; 2° si la duchesse a scrupuleusement et loyalement exécuté la convention, même en lui donnant la date du 23 août. Puisque je rencontre la question qui n'a été qu'effleurée jusqu'ici, je vais la traiter *ex professo*.

Dans la requête qu'ils adressèrent aux confédérés en janvier 1567, les réformés leur posèrent le dilemme suivant : Vous nous avez garanti, de la part des seigneurs de l'Ordre et du Conseil d'État, non-seulement la liberté des prêches, mais celle du culte en général. De deux choses l'une, ou les seigneurs vous ont trompés ou la duchesse les a abusés eux-mêmes :

« Or, avons-nous estimé estre plus que temps de vous
« remonstrer ce pitoyable estat et quant et quant vous sup-
« plier qu'il vous plaise nous déclarer ouvertement sy c'est
« véritablement de la part de Son Altèze et des seigneurs
« chevaliers de l'Ordre que nous avez faict les promesses
« esquelles nous sommes appuyéz jusques à présent, *que*
« *l'entier exercice de nostre religion nous estoit permis, ores*
« *que les escriptz feissent seulement mention des presches,* et
« que personne pour cest esgard ne seroit jamais recherché
« ny molesté, et qu'il plaise à voz seigneuries bien acertes
« considérer que de ces promesses et observation d'icelles
« dépend vostre honneur et resputation et des seigneurs che-
« valiers de l'Ordre, *car, si elles vous ont esté faictes de la*
« *part de Son Altèze par les susdits seigneurs, comme, ensuy-*
« *vant leur déclaration et la vostre, nous avons estimé jusques*
« *à présent, c'est merveille qu'elles soient si publiquement en-*
« *frainctz et rompues avec telle calamité et désolation du pays,*
« *et si au contraire il n'y a eu de la part de Son Altèze et*
« *desdicts seigneurs aucune telle promesse, qu'a ce esté de*
« *nous les proposer et persuader, sinon attirer et plonger en*
« *ruyne irréparable une infinité de bons et loyaulx subjectz de*
« *Sa Majesté ?* »

Brederode devait venir d'Anvers à Bruxelles pour présenter à la duchesse cette requête en même temps que la troisième requête des confédérés (les deux premières sont celles des 5 avril et 30 juillet 1566). Marguerite de Parme lui ayant interdit ce voyage, il envoya les deux requêtes en une lettre datée d'Anvers et du 8 février 1567.

Dans leur troisième requête, les confédérés allèguent de la manière la plus formelle que « les seigneurs de « l'Ordre, présidens et conseillers d'Estat », se sont dits autorisés par la duchesse à promettre aux réformés l'exercice entier de leur religion. Voici le passage :

« Est survenu contre tout espoir (attente) un soubdain

« changement entièrement (à correction très humble) con-
« traire *à ce que les susdits seigneurs, avec lesquelz avions*
« *traicté, nous aviont promis et asseuré par le commandement*
« *de Vostre Altèze*, car, en premier lieu, l'on a dépesché
« lettres par toutes les villes pour deffendre l'exercice de la
« religion, lesquelles ont été publiées et exécutées en plu-
« sieurs lieux, là où toutesfois l'effect des presches accordées
« se debvoit consuyvre et icelles se pouvoyent continuer en
« la mesme forme qu'estoient tenues auparavant, *en quoy*
« *aussy estoyent comprins les exercices de leur religion, dont*
« *desjà avoyent usé,* comme aussy nulle part se font presches
« d'aulcune religion que quant et quant (en même temps),
« ne aient eu l'exercice de la mesme religion, *suivant quoy*
« *aussy les gouverneurs* (de provinces) *traictant avec ceulx*
« *desdites religions leur ont accordé le libre exercice d'icelles,*
« et nous aussy (les confédérés), ce suyvant, en avons asseuré
« le peuple, lequel se voyant frustré de ladicte attente et
« desdites asseurances, s'en commenche à prendre à nous
« et nous charge de ne nous estre acquictéz de nostre pro-
« messe ».

Il s'agit maintenant uniquement d'examiner ce point :
les gouverneurs de provinces, membres du Conseil d'État,
ont-ils en effet assuré aux confédérés que le libre exercice de la religion réformée était désormais permis et
autorisé par la gouvernante, et que celle-ci leur avait
donné à ce sujet les assurances nécessaires.

Je ne crois pas qu'il existe aucun écrit délivré en ce
sens par les chevaliers de l'Ordre aux confédérés, mais
leur conduite est là et nous pouvons l'interroger.

Or, le 2 septembre, le prince d'Orange conclut un
traité avec les réformés ou dissidents d'Anvers. Nous y
trouvons la disposition suivante : « Polront néanmoins
« faire presches et *exercice de leur religion* en la nou-
« velle ville au jardin des canonniers et aultres lieux où
« elle s'estoit faict auparavant, les jours de festes et diman-
« ches tant seullement, saulf que, si durant la sepmaisne
« n'eschéoit aucune feste, la feroient le mercredy ».

Ainsi les prêches et l'administration des sacrements
sont mis sur la même ligne.

A la même époque, le comte de Hoogstraeten (Antoine de Lallaing) fait une transaction analogue avec les réformés de Malines.

Le traité conclu avec les réformés de Tournai par le comte de Hornes n'est pas aussi explicite. Il y est dit simplement que les choses se passeront « conformément « à ce qui se fait et se fera ès villes de Brabant et de « Flandre où icelles presches sont tolérées (1) ».

Mais ce qu'il est surtout intéressant d'examiner, c'est la conduite d'Egmont et le parti auquel il s'arrête vis-à-vis des réformés.

Voici comment Pontus-Payen s'exprime à cet égard :

« Aulcuns veullent dire qu'estant requis de la part des
« consistoriaulx d'Ypres d'explicquer l'article dudict traicté
« touchant la concession desdictes presches, auroit fait res-
« ponce que, soubz ce mot de presches, les baptesmes,
« cènes et autres exercices de la nouvelle religion estoient
« comprinses, qui est l'une des principales charges que luy
« imposoit le duc d'Albe, *ce que toutesfois il a dénié constam-*
« *ment* (2).

« Ce faict, ledict seigneur retourna à Bruxelles pour faire
« récit de son besongné qui fut loué et approuvé de Madame

---

(1) La découverte de nouveaux documents originaux nous permet d'être plus affirmatif. Voici ce que nous lisons dans les interrogatoires de Jean Cateux, premier ministre de l'église de Lecelles (*Bulletin de la Société d'histoire du protestantisme français,* année 1879, p. 348 et 350) :
« Requis sur quel prétexte il s'est advanché de faire la cène ?
« — Dict que le conte de Hornes, estant à Sainct-Amand, l'a faict
« appeler et luy dict en présence de plusieurs que l'intention du
« roy estoit que l'on viveroit en paix, une religion avec l'aultre,
« *et que l'exercice de l'aultre religion estoit permis, si comme*
« *les presches, baptêmes, mariaiges et aultres,* ne ayant, luy qui
« parle, souvenance si ledict seigneur conte dénomma aussi la
« cène... Dict que ledict seigneur conte *luy a faict semblable dé-*
« *claration despuys à Tournay,* y estant présent Charles de Cour-
« rière, Rolland Pottier et l'hoste du *Mouton...* » (P. 348.)
Et à la page 350 :
« Et tient qu'il (le comte de Hornes) y seroit allé (à Saint-Amand)
« pour confirmer la publication qui avoit esté faicte touchant ladicte
« liberté, parce qu'il déclaira à luy confessant et aultres *que l'exer-*
« *cice de la nouvelle religion estoit permis* ».

(2) Nous allons voir que cette dernière allégation est inexacte.

« la duchesse et seigneurs du Conseil d'Estat, sauf en ce qui
« touchoit les cènes, mariaiges et baptesmes concédéz aux
« héréticques soubz le nom de presches, qui estoit excéder
« les termes d'icelluy traicté, *que ladicte dame vouloit plustôt*
« *restraindre qu'amplier* ».

L'aveu est précieux à recueillir.

En réalité, le comte d'Egmont avait conclu, le 1er septembre 1566, avec les consistoriaux d'Ypres, un traité
intitulé : *Submission,* par lequel étaient autorisés non-
seulement les prêches, mais tous les exercices de la religion réformée.

Voici en effet ce qu'on lit dans le « libel accusatoire du
« procureur-général Dubois, signifié au comte d'Egmont,
« le 11 janvier 1568 (1) » :

« N° 46. — Lesdicts d'Ypres, en conformité des lettres
« envoyées par Son Altèze (les lettres du 4 décembre 1566),
« deffendirent aux sectaires dudict lieu l'exercice de la nou-
« velle religion, à quoy les sectaires de la nouvelle religion
« ne voulurent obéir, disant que par traitté et déclaration
« dudict deffendeur, appelé : *Submission*, en date du 1er de
« septembre 1566, ils povoient faire ledict exercice, et du
« tout lesdits d'Ypres escripvirent audict deffendeur, lequel
« respondit qu'il ne treuvoit convenable suyvre ce que Son
« Altèze leur avoit ordonné et qu'ils feroient bien de suivre
« ledict traitté ».

« N° 47.—Le sixième de janvier 1566 (1567, N. S.), lesdicts
« d'Ypres se trouvèrent à Courtray vers ledict deffendeur
« pour sçavoir s'ilz admectroient que ceulx de la nouvelle
« religion fissent le baptesme à leur mode, puisqu'ilz prétex-
« toient le pouvoir faire par l'acte de ladicte déclaration
« dudict défendeur, et lors iceluy défendeur respondit que
« lesdits d'Ypres avec connivence pourroient encores tolérer
« l'exercice dudict baptesme, nonobstant qu'il ne leur fust
« nommément accordé par le traité de ladicte déclaration et
« submission, de laquelle response l'on peut prendre et re-
« cueillir une nouvelle permission dudict exercice de reli-

<hr>

(1) *Le Procès du comte d'Egmont,* par M. de Bavay, 1853. —
(Pièces inédites trouvées à Mons chez M. Leclercqz.)

« gion, comme il avoit desjà auparavant accordé telle per-
« mission de faire tel baptesme ».

A ces chefs d'accusation, si catégoriques, que répond
d'Egmont? Il est loin de leur opposer une dénégation
formelle. Il se rejette sur la nécessité, sur le malheur
des temps.

N° 45. — « Je ne me puis bonnement souvenir de ce que
« ceulx d'Ypres m'ont escript, ne ce que leur ay respondu
« audict temps, mais si ainsy est comme ils disent de leur
« avoir dict qu'ils feroient bien de suyvre ce qu'il avoit (esté)
« traicté avec eulx, ce doubt estre pour éviter aux sectaires
« et rebelles la reprinse des armes, mais suis tousjours esté
« d'opinion que, si l'on vouloit contrevenir à ce que j'avois
« traitté, qu'il valloit mieulx deffendre presches et tous
« exercices ensemble, et que aussy facilement s'effectueroit
« l'ung que l'aultre, *puisque lors l'on commenchoit avoir quel-*
« *ques forces pour les intimider.* » (Encore une parole précieuse à recueillir.)

Plus tard, les avocats du comte d'Egmont dressent un
mémoire justificatif. Ils ont naturellement plus de sang-
froid que leur malheureux client ; ils n'omettent rien de
ce qui peut l'excuser. Or, voici ce qu'ils disent :

Le comte a été contraint

« pour éviter plus grand mal, de endurer et permettre par
« forme de déclaration qu'ils (les sectaires) ne pourroient
« faire les cérémonies de .la religion, quant à leurs nopces,
« *sinon ès lieux leur désignés pour leurs presches* ».

Ainsi Egmont, à plusieurs reprises, et même après les
lettres prohibitives du 4 décembre 1566, autorisa les
consistoriaux d'Ypres, de Courtray et vraisemblablement
d'autres villes de Flandre, à accomplir les cérémonies de
leur culte au cours de leurs prêches.

Ce n'est pas tout, et le procès de l'infortuné seigneur
réserve au lecteur une singulière surprise. Il paraîtrait
que, sur les représentations du comte, la duchesse
de Parme consentit à suspendre, en ce qui concernait

les Flandres, l'effet des lettres du 4 décembre 1566,

« commandant audict comte d'en advertir les officiers et
« justiciers de la ville d'Ypres, avec rencharge de bien faire
« entretenir par lesdicts de la religion nouvelle tout ce qu'es-
« toit traicté avec eulx tant par l'accord ou submission (du
« 1er septembre) que ledict traitté ».

Ainsi les gouverneurs de provinces, membres du Conseil d'État, conformèrent leur conduite au langage qu'ils avaient tenu aux confédérés et aux assurances qu'ils leur avaient données. Nous n'avons du reste à parler ni du duc d'Arschot, qui était conseiller d'État mais non gouverneur de province, ni du comte de Berlaimont, qui était gouverneur d'une province où la réforme n'avait pas pénétré (Namur).

Que conclure de là ?

Il faut se reporter aux circonstances critiques d'où était sorti l'accord. Marguerite de Parme flottait entre les résolutions les plus opposées. Tantôt elle déclarait qu'elle voulait partir pour Mons et faisait seller ses chevaux et haquenées ; tantôt, se rendant aux représentations qui lui étaient faites, elle contremandait ses ordres. N'est-il pas possible que, dans cette lutte désespérée, entrecoupée de larmes et de gémissements, elle ait laissé échapper des paroles qui ont pu être interprétées comme des promesses ou comme des engagements ? Le témoignage des gouverneurs de provinces et celui des confédérés ne peuvent s'expliquer autrement. Pourquoi maintenant le libre exercice de la religion ne fut-il pas expressément stipulé dans l'accord ? Les uns disent que ce fut pour ne pas exaspérer le roi ; les autres, parce que la rédaction du traité se ressentit du désordre intellectuel dont tout le monde était atteint. Je n'admets pas que la duchesse, troublée comme elle l'était, ait eu la présence d'esprit d'insérer à dessein dans la convention des termes obscurs dont elle se réservait l'interprétation, d'y déposer les

germes d'une discorde préméditée ; mais n'oublions pas
le mot significatif de Pontus-Payen ; souvenons-nous
que d'Egmont ramène l'exécution du traité à une question
de force, et dès lors ne nous étonnons pas si cette
italienne, qui avait passé par le lit des Médicis, sut
profiter habilement et résolument de l'étroitesse des
termes employés, à partir du moment où le désarroi se
mit dans la ligue des seigneurs.

Autre question. En admettant pour l'accord la date du
23 août 1566, est-il certain que Marguerite de Parme se
soit tenue fidèlement à la lettre du traité ? C'est ce que
nous allons voir.

Valenciennes offre un champ d'observation trop étroit,
mais déjà, en ce qui concerne notre ville, j'aperçois chez
Marguerite de Parme l'intention évidente d'imposer une
interprétation toujours exclusive et souvent arbitraire,
de « restreindre plustost que d'amplier ». Ainsi lorsqu'elle
adopte le plan proposé par Noircarmes, tendant à faire
déposer les armes des réformés entre les mains des
Magistrats, elle interprète abusivement l'accord, lequel
dit simplement que l'on mettra *jus* (bas) les armes.
Donne-t-elle, oui ou non, une extension arbitraire à
l'accord, lorsqu'elle adopte l'idée d'empêcher de se rendre
aux prêches *autorisés* ceux qui demeurent dans des
localités où aucun prêche n'a encore eu lieu (1) ? Pour-
rait-on montrer dans le texte de l'accord les termes où
Marguerite prétend puiser le droit de ne permettre qu'un
prêche par semaine, alors que les offices catholiques ont
lieu tous les jours ? Où se trouve la disposition qui n'admet comme prédicants que les sujets du roi ? Où se trouve
celle qui non seulement oblige les confédérés à faire
cesser tout désordre et tout empêchement au culte catholique, mais encore à prêter la main au châtiment des

(1) Tome **V** des *Mémoires*, p. 416, 421.

transgresseurs ? Où surtout trouver la disposition permettant d'assimiler aux saccageurs et aux criminels les réformés qui entendent détenir les églises où leurs ministres ont prêché antérieurement au 23 août 1566 (1) ?

Enfin on peut dire ceci : une convention synallagmatique ne peut être interprétée que par le concours des deux volontés qui l'ont formée. Dès lors, quand les malheureux valenciennois demandaient à cor et à cri que leurs droits et leurs obligations fussent interprétés et fixés non seulement par la duchesse de Parme, mais encore par les seigneurs de l'Ordre siégeant au Conseil d'État (c'est-à-dire par ceux qui avaient servi d'intermédiaires entre elle et les confédérés), ils étaient dans la vérité et dans le droit.

Sortons maintenant de Valenciennes ; la démonstration va devenir encore plus facile et plus claire. Je prends la correspondance italienne et espagnole de Marguerite, la *vraie*, la *bonne,* celle où il faut chercher les véritables intentions, le dernier mot de la politique, et voici ce que je trouve tout d'abord.

Dans sa lettre chiffrée (en italien) du 27 août 1566 (2), la duchesse dessert et calomnie outrageusement Egmont, Orange, Hornes, Hoogstraeten. « *En paroles et en fait,* « *ils se sont,* écrit-elle, *déclarés contre Dieu et le roi* ». Elle n'a fait les concessions des 23-25 août que par contrainte et en cédant à la violence. « *D'après cela et* « *comme elle n'avait pas le pouvoir d'obliger le roi, il* « *reste le maître de révoquer, quand le temps sera venu,* « *ce qu'elle a accordé* ». Voilà comment la gouvernante recommande à son frère l'observation de sa propre parole !

Dans une autre lettre italienne, en chiffres, datée du

(1) Tome VI des *Mémoires,* p. 98, 99.

(2) Gachard, tome I, p. 452 et seq., *Corresp. de Philippe II.*

30 août 1566 (1), le système se continue. Egmont, ce fidèle catholique, et autres sont représentés comme voulant faire entrer les Pays-Bas dans la confession d'Augsbourg, afin de se ménager l'alliance des princes allemands.

Dans une troisième lettre italienne, en chiffres, du 13 septembre 1566, elle se plaint d'Hoogstraeten, envoyé par elle à Malines, parce qu'il a demandé d'être autorisé à désigner un plus grand nombre d'endroits à « ces scélérats d'hérétiques », pour y prêcher leurs dogmes, etc. (2).

Cependant le temps s'écoule. Les confédérés perdent de plus en plus confiance, se dépensent en vains propos, se découragent. La duchesse, de son côté, agit de la manière la plus efficace. Elle assemble des troupes de tous côtés. A Bruxelles, elle institue une garde personnelle, composée de 600 hommes d'infanterie, 100 arquebusiers, 50 archers et 50 hallebardiers. Le comte Pierre-Ernest de Mansfelt lève pour elle dans la province de Luxembourg quatre compagnies dont deux sont portées à Lierre pour brider Anvers. Des garnisons sont mises à Lille, à Mons, au château de Tournay, etc., ou les anciennes garnisons y sont renforcées. En outre, Marguerite annonce à son frère l'intention suivie d'effet de lever douze nouvelles compagnies (3). Elle place Charles de Mansfelt et Gilles de Berlaymont, seigneur d'Hierges, à la tête des troupes levées dans les provinces de Luxembourg et de Namur, par leurs pères respectifs, etc. (4).

(1) *Ibid,* 455.

(2) *Ibid,* 460.

(3) Lettre italienne chiffrée de la duchesse au roi, du 18 novembre 1566. (Gachard. *Corresp. de Philippe II,* I, 481.)

(4) Lettre italienne chiffrée de la duchesse au roi, du 18 décembre 1566. (Gachard, *Corresp. de Philippe II,* I, 493.)

Lorsqu'elle se sent prête, le système suivi au regard des religionnaires depuis l'accord des 23-25 août 1566 est abandonné et les agents gouvernementaux retournent à leurs anciens errements. Voici en quels termes les réformés se plaignent dans leur requête aux confédérés (janvier 1567) :

« Maintenant, contre toute espérance fondée en voz pro-
« messes, nous avons veu que les placcartz ont esté rigo-
« reusement exécutéz, en emprisonnant et bannissant aucuns
« qui n'ont voulu jurer de persévérer à tousjours en la foy
« de l'Eglise romaine. On a poursuivi les ministres de la
« parolle de Dieu jusques à en prendre aucuns, arracher les
« barbes, aux aultres tirer et descharger harquebouzes,
« dont aucuns qui estoyent près d'eulx ont esté mortelle-
« ment navréz. On a rué sur les assemblées, tué miséra-
« blement quelques ungs pour s'estre trouvéz aux prédica-
« tions, aultres pour avoir chanté des psaulmes, retournans
« des presches, banny aucuns pour avoir faict baptizer leurs
« enfans en l'église réformée, ravy et faict rebaptizer par
« force les enfans des aultres baptizés en icelle publicque-
« ment, se déclairant plustost en cela anabaptistes que
« observateurs de leurs anciens canons, envoyé lettres par
« tout le pays (prescrivant) de ne faire aucun exercice de la
« religion (1), avec menaces de mort à tous ceulx qui contre-
« viendroyent, en sorte que, en plusieurs lieux, non seulle-
« ment les prédications sont entrelaissées, mais aussy
« plusieurs fidèles subjectz de Sa Majesté ont abandonné le
« pays, femmes et enfans ».

Dira-t-on que ce lugubre tableau est inexact, chargé ? Les faits sont là. C'est surtout sur les ministres et pré-dicants que porte le revirement de la duchesse.

A Alost, le prédicant André Berteloot, de Hondschoote, est pendu pour avoir prêché dans un endroit autre que celui assigné par le Magistrat. En Flandre, le ministre Maillard de Honger est pendu pour un fait analogue. Pendant qu'il dit adieu à son troupeau, les soldats

____

(1) Ce sont les lettres déjà citées du 4 décembre 1566.

déchargent leurs armes et tuent vingt-cinq hommes. A Ypres, le ministre Michel Messer subit le même sort. Dans toutes ces espèces, les ministres ont généralement donné prise aux rigueurs par quelque côté, bien qu'il soit absolument extravagant de mettre un homme à mort pour avoir prêché dans un endroit plutôt que dans un autre, alors qu'en principe il a le droit de prêcher. Mais que dire de l'espèce si connue de Martin Smet, dit Smetius, prédicant de Malines ?

Un jour, le Magistrat de cette ville, poussé par Marguerite de Parme, invite Martin Smet et les anciens à suspendre momentanément leurs prêches. Bien qu'il n'allègue aucune raison, ceux-ci ne se refusent pas à obéir. Seulement ils demandent un ordre écrit, qui leur est refusé. Ils se rendent alors au lieu assigné pour les prêches. Bientôt ils y sont rejoints par le prévôt des maréchaux, Jean Grouwels, dit Spelleken, à la tête de ses archers. Smetius est arrêté, entraîné, conduit à Daelhem où il est pendu. Nous pourrions multiplier ces exemples.

A Bruxelles même, la gouvernante contrevient ouvertement à l'accord. Généralement, les prêches avaient lieu dans cette partie du Brabant sur les bords du canal de Willebroek, à proximité de Bruxelles, de Vilvorde et de Malines. Le prédicant montait sur une barque, et, de là, adressait la parole aux auditeurs groupés sur les deux rives. Que fait Marguerite de Parme ? D'une part, elle obtient du Magistrat et du Conseil de Bruxelles qu'ils retiendront leurs bourgeois par leurs prières ou par leurs menaces (1) ; de l'autre elle enjoint au châtelain de Vilvorde et au Magistrat de Malines de fermer les portes de leurs villes respectives aux jours fixés pour les prêches. Elle bannit le fermier du canal, Claude de Vignon, pour

---

(1) Louis de Nassau intervint alors. « Les bourgeois de Bruxelles, « dit-il, sont-ils moins libres que les autres ? » Mais il fut amusé de paroles par la gouvernante, qui se déroba derrière le Magistrat.

avoir laissé envahir ses barques. En janvier 1567, Grouwels arrête un prédicant revenant de ce prêche. Le prévôt a contrevenu à l'accord ; la duchesse n'en disconvient pas, et cependant elle lui ordonne de courir sus à ceux qui s'armeront pour l'empêcher de violer de nouveau la loi (1).

Ceux qui tenteraient de nier le revirement de la duchesse de Parme agiront prudemment en compulsant à fond l'ouvrage déjà cité de M. Gachard (2). Le 3 janvier 1567, Marguerite écrit à son frère une lettre chiffrée en italien (3). On y voit qu'elle voudrait bien empêcher *tous les prêches en général,* sans cependant être obligée de renier scandaleusement sa signature. « La duchesse dési-
« rerait, en ce qui concerne l'abolition des prêches, que
« le roi la lui ordonnât expressément et qu'il la prescrivît
« de même à tous les gouverneurs de province, avec
« injonction d'employer la force, là où la persuasion
« resterait sans effet. Elle voudrait encore qu'il l'auto-
« risât à destituer ceux des gouverneurs qui, sous un pré-
« texte quelconque, n'obéiraient pas... Quant à Monsieur
« d'Egmont, qui a si souvent répété qu'il ne prendrait pas
« les armes pour contrevenir à la convention qu'il a faite
« avec les sectaires de son gouvernement de Flandre,
« *le roi verrait ce qu'il y a à faire à son égard* ».

(1) Lettre du 8 février 1567 (Archives générales de Belgique). Farde de l'audience, 282, I, A, citée par M. Rahlenbeck. *(Les protestants de Bruxelles,* f⁰ 44.)

(2) Et aussi l'ouvrage conçu dans le sens espagnol de Nicolas Burgundus d'Ingolstaldt : Il parle d'abord du zèle des Magistrats de Bruxelles, qui ne se contentaient pas d'empêcher les prêches chez eux, mais qui prétendaient empêcher leurs concitoyens d'aller aux prêches de Vilvorde. Il avoue ensuite qu'ils étaient excités en secret par la duchesse :
« Sed primores civitatis, *a gubernatrice clam admoniti,* opifi-
« cum collegia in concilium accersunt, edictum que ex communi
« suffragio : ne cui fas esset ad aliena sacra urbe excedere. Si quis
« conciones intrà pomœria tentaret, laqueo se ulturos (p. 345). »

(3) *Corresp. de Philippe II,* t. I, 501.

Dans le mois de janvier 1567, les États de Brabant s'assemblent et disent à la duchesse : « Laissez-nous « rechercher les moyens propres à faire cesser les prê- « ches. Sinon, vous ferez voir que vous voulez employer, « non les moyens de douceur, mais la force qui est ici « abhorrée non seulement des méchants, mais encore des « bons (1) ». Pour toute réponse, la duchesse qualifie cette requête « d'abus » et écrit aux gouverneurs de ne plus permettre aux états de leurs provinces de se réunir sans autorisation de sa part (2).

J'arrêterai cette démonstration peut-être trop longue. J'en ai dit assez, je crois, pour prouver que Marguerite, ayant fait, le 23 août 1566, une concession uniquement fondée sur *la politique,* revint sur ses pas, aussitôt que cette même *politique* le lui permit.

On pourrait aller plus loin et prétendre que Marguerite de Parme n'était pas plus sincère lorsqu'après la présentation de la requête du 5 avril, elle proposait au roi l'abolition de l'inquisition et la modération des placards, ou lorsqu'en attendant la réponse royale, elle écrivait aux inquisiteurs de procéder en toute prudence et discrétion à l'exercice de leurs charges. Si ce langage, nouveau dans la bouche de Marguerite, eût impliqué réellement un changement de système, nous ne devrions plus voir, à partir du mois de mai 1566 (3), de condamnations capitales pour faits se rattachant à l'hérésie, et alors que dire, que penser de l'exécution à Alost de Jean Soete (1er mai 1566), de celle de l'ouvrier en tapis Jean Tiskaen (Audenarde, 8 juin 1566), de celles de Jean Joris et de

(1) *Che qui è tanto aborrita de i tristi e anco de i buoni.*

(2) Gachard, *ib.*, I, 506.

(3) Dans les premiers mois de 1566, les exécutions pour faits d'hérésie sont nombreuses. Nous les négligeons parce qu'elles ne rentrent pas dans la période que seule nous voulons envisager.

Georges d'Asschen, pendus à Audenarde, le 14 avril 1567, de celle de Louis van Hecke, pendu en la même ville, le 24 avril suivant, etc. ?

De tels faits, de telles contradictions engendrent une invincible défiance. D'ailleurs, si Marguerite de Parme eût été sincère, l'historien aurait à la citer comme le seul dépositaire d'un pouvoir absolu, qui, ayant été contraint de faire des concessions, n'ait pas ensuite cherché à les rétracter.

§ XIX

J'ai dit aux dernières lignes de mes *Huit mois de la vie d'un peuple* que la séparation des dix-sept provinces en deux groupes, l'un calviniste, l'autre catholique, avait été favorable à la France.

M. Carlier le nie. « Sans le coup de fortune de la « bataille de Denain, dit-il (p. 256), la France succombait « sous l'étreinte d'une coalition conduite et soldée par les « États de Hollande. »

Je ne crois pas devoir modifier mon opinion. D'abord, en principe, il est toujours avantageux pour un grand pays d'avoir sur ses frontières de petits États fractionnés, plutôt que de puissants royaumes. Je pense donc que mieux valait pour la France trouver du côté du Nord la république de Hollande et les Pays-Bas autrichiens que de continuer à souffrir le voisinage des dix-sept provinces groupées sous la main de l'Espagne ou de la maison d'Autriche.

Je n'avais du reste en vue que les facilités presque immédiates ouvertes par la fondation de la république de Hollande à la politique de Henri IV et de Richelieu. Cette dernière notamment consista à empêcher les calvinistes de France de former un État dans l'État, tandis qu'au dehors l'alliance avec les princes protestants permettait d'abaisser la maison d'Autriche. C'est à cette grande politique que nous devons le glorieux traité de Westphalie.

J'avoue que je n'avais pas étendu le regard à cent quarante années en avant et que je ne pensais pas, en clôturant mon mémoire (1), à la guerre de la succession d'Espagne. Malgré cela, je n'admets pas le raisonnement de M. Carlier.

Pouvons-nous blâmer la Hollande d'être entrée dans la coalition qui faillit nous être si fatale ? Pour en arriver là, combien de fautes nous a fait commettre la politique excessive de Louis XIV ?

Comptons :

1° En 1659, Louis XIV avait épousé l'infante d'Espagne (Marie-Thérèse) avec 500,000 écus d'or de dot, moyennant quoi l'infante avait renoncé, tant pour elle que pour ses enfants, « à tous droits, raisons et actions sur l'héri-
« tage de Leurs Majestés catholiques, ses père et mère,
« lors même que la descendance mâle et femelle de
« Philippe IV viendrait à faillir. » (Traité des Pyrénées, 7 novembre 1659.)

En 1665, le roi d'Espagne vient à mourir. Louis XIV, alléguant les lois et coutumes des Pays-Bas, prétend que sa femme, fille aînée du défunt, doit succéder, quant à la plupart de ces provinces, par préférence au fils cadet, en vertu du *droit de dévolution*. Elle a, il est vrai, renoncé aux successions paternelle et maternelle, mais sa dot ne lui a pas été payée (2).

(1) *Huit mois de la vie d'un peuple.*

(2) Voici les motifs invoqués par Louis XIV dans le manifeste intitulé : *Traité des droits de la Reine* : 1° Marie-Thérèse, sa femme, n'avait pu renoncer valablement, parce qu'elle n'était pas majeure en 1659, et aussi parce que le droit romain prohibait tout pacte sur

De là une guerre heureuse qu'on ne peut blâmer, si l'on se place au point de vue français, puisque nous avons conservé en partie les conquêtes des années 1667-1668 (la Flandre française et la Franche-Comté) (1). Plaçons-nous cependant au point de vue de l'Europe. Il était impossible qu'elle ne vît pas dans cette guerre une infraction aux traités.

2° En 1672, nous rencontrons l'invasion de la Hollande, faite par ressentiment de la triple alliance de La Haye (1668). Condé et Turenne conseillent de marcher droit à Amsterdam et de démanteler les places fortes. Louvois veut qu'on y mette des garnisons. Louis XIV s'arrête à l'avis du ministre et manque l'occasion décisive. Les Hollandais inondent leur pays, ne laissant aux Français « que des pierres ». Ainsi commence la lutte de Louis XIV et de son grand ennemi Guillaume d'Orange, qui devait être Guillaume III.

Cette malencontreuse campagne vaut à la France la première coalition européenne dirigée contre elle. (Grande alliance de La Haye 1673-74.)

3° Après la formation de la ligue d'Augsbourg (1686), Louis XIV n'avait plus qu'un seul allié, Jacques II d'Angleterre. Tout le reste de l'Europe était contre lui, sans distinction entre protestants et catholiques. Jacques tombe sans coup férir en 1688. Louis XIV l'accueille magnifiquement, prend sa cause en main, jette le gant à l'Europe. Cette guerre de la succession d'Angleterre, qui fut moins une guerre politique qu'une guerre de sentimentalité monarchique, cette obstination à soutenir la cour de Saint-Germain furent pour la France la cause

les successions des personnes encore vivantes ; — 2° des coutumes civiles des provinces revendiquées, les unes décernaient l'héritage à la fille du premier lit au détriment du fils du second lit ; les autres admettaient tous les enfants au partage.

(1) Remarquons toutefois que la Franche-Comté, conquise une seconde fois en 1674, ne fut définitivement attribuée à la France que par les traités de Nimègue et de Ryswick.

d'une grande déperdition de forces (défaites de la Boyne, de la Hogue, etc.)

4° Enfin vient en quatrième lieu l'affaire de la succession d'Espagne, par suite du testament de Charles II et de l'avénement au trône du duc d'Anjou (Philippe V). Louis XIV, contrairement au testament du 2 octobre 1700, lequel prohibait la réunion sur la même tête des couronnes de France et d'Espagne, n'exige pas de Philippe V sa renonciation au trône de France et, par des lettres-patentes données en décembre 1700, il lui réserve son rang d'hérédité entre le duc de Bourgogne et le duc de Berry. De là une guerre européenne qui met la France à deux doigts de sa perte.

Assurément, tout n'est pas à blâmer dans les conceptions politiques et guerrières de Louis XIV. S'il n'eût pas été ambitieux, nous n'aurions peut-être ni la Flandre française ni la Franche-Comté. Mais, comme l'a dit Horace :

Est modus in rebus...

et il était véritablement insensé de soutenir, au déclin d'un règne, tout à la fois la guerre de la succession d'Angleterre et celle de la succession d'Espagne (1).

Puisqu'il s'agit ici de la Hollande que, dans l'espèce, on ne peut séparer de l'Angleterre, M. Carlier voudra bien se rappeler que la révocation de l'édit de Nantes et la persécution aussi atroce qu'impolitique qui suivit, furent en partie la cause de l'acharnement manifesté par les deux puissances protestantes et surtout par la Hollande jusqu'à la paix d'Utrecht. Cet acte désastreux a porté à la France un coup dont les effets se poursuivent à travers

(1) Bien que la guerre de la succession d'Angleterre eût été une première fois close par la paix de Ryswick, Louis XIV l'avait ravivée en reconnaissant pour roi d'Angleterre le fils de Jacques II, après la mort de son père arrivée à Saint-Germain, le 16 septembre 1701.

les siècles, car c'est lui qui a jeté dans la province de Brandebourg plus de vingt mille de nos compatriotes, tous riches ou du moins industrieux ; qui a permis au grand électeur, Frédéric - Guillaume , de transformer Berlin ; a conféré la nationalité allemande aux Ancillon, aux Savigny, aux Babry, aux Girard, aux Michelet, aux Baudouin, aux Mangin, aux Perrault ; a fait fleurir sur les bords de la Sprée la plupart de nos industries (tissage de la laine, industrie de la soie, teinture et impression des étoffes, fabrication des bas, du papier et de la chandelle, tannerie, maroquinerie, ganterie de peau, horlogerie, verrerie, métallurgie, etc.). C'est cet acte néfaste enfin qui a permis au successeur de Frédéric-Guillaume (Frédéric Ier) de prendre le titre de roi de Prusse (1). Le lecteur complétera notre pensée.

En résumé, les entreprises grandioses de Louis XIV étaient faites pour alarmer l'Europe. N'accusons donc pas les nations étrangères des fautes commises par nos rois !

(1) Voir l'article de M. Lavisse, maître de conférences à l'École normale, dans le numéro de la *Revue des Deux-Mondes,* du 15 décembre 1875.

CHAPITRE DEUXIÈME

Je suis maintenant arrivé au mois de décembre 1566,
date des dernières pièces publiées par moi dans le sixième
volume des *Mémoires de la Société d'agriculture, sciences
et arts de Valenciennes*. A partir de ce moment, je ne
devrais plus rencontrer l'ouvrage de M. Carlier. Toutefois,
comme il a tiré quelques arguments de lettres publiées
par moi en 1876 dans le *Courrier du Nord*, sous ce
titre : *la Légende des Herlin*, je crois devoir le suivre
sur ce terrain, moins pour discuter avec lui que pour
communiquer au public des renseignements qu'il ne con-
naîtra pas d'ici à longtemps, si l'on ne trouve pas le
moyen de continuer l'œuvre si vaillamment entreprise
par la Société d'agriculture.

Ces renseignements porteront sur plusieurs points :

1° La composition de l'armée insurrectionnelle qui défendit Valenciennes, les trois compagnies bourgeoises,
les tout-nuds, etc.;

2° Les réquisitions de blé et autres.

§ I

LES TROIS COMPAGNIES BOURGEOISES

M. Carlier pense que les forces insurrectionnelles valenciennoises s'élevèrent à environ 1,500 hommes. Je crois qu'il est dans le vrai, si l'on ne compte que les combattants et si l'on déduit les manœuvres, les « hottiers » travaillant aux fortifications, les préposés à divers services qui prirent beaucoup d'extension, comme par exemple celui des vivres. Si au contraire l'on comptait tous ceux qui servirent l'insurrection à des titres divers, il faudrait plus que doubler le nombre, car je vois dans mes documents que les ouvriers des fortifications s'élevèrent à eux seuls à 1,500 environ.

Entrons maintenant dans le détail de ces forces et tâchons d'en fixer la composition.

M. Carlier croit qu'à côté des trois compagnies bourgeoises primitives, il y eut trois autres compagnies distinctes formées par le consistoire. Je l'ai moi-même pensé, surtout en trouvant dans le manuscrit de Jean Doudelet, publié sous le nom de Pierre Leboucq, plus de six individus qualifiés de capitaines bourgeois ; mais aujourd'hui, en face des témoignages ci-après énoncés, je crois devoir m'arrêter à une opinion différente.

Je ne pense pas qu'il y ait eu six compagnies bourgeoises. Il est bien plus probable que les cadres des trois compagnies furent élargis à l'approche du siége, de telle sorte qu'ils présentèrent un effectif fort supérieur à trois cents têtes mais notablement inférieur à celui que M. Carlier prête aux six enseignes.

Voici comment j'arrive à cette conclusion :

Après la reddition de Valenciennes, les commissaires royaux (Antoine Lebrun, Jean de le Val, Clarambaut, Samson le Villain) trouvèrent en la chambre judiciaire de la maison de ville les rôles des compagnies bourgeoises, comme aussi les rôles des contributions imposées pour diverses dépenses. Ces pièces, que j'ai sous les yeux, seront indispensables à quiconque voudra écrire l'histoire définitive de la rébellion et du siége de Valenciennes. Elles portent la mention suivante : « Ce rolle a « esté trouvé en la maison de ville, après la rendition « d'icelle, en la chambre judiciaire, par les commissaires « de Sa Majesté audict lieu. Tesmoing le seing manuel y « mis de J. de le Val ».

Les rôles des trois compagnies bourgeoises constatent le dernier état, celui qui précéda de fort peu la prise de la ville, car on y lit les noms de ceux qui occupèrent *successivement* les grades.

Ainsi la première compagnie, celle de Michel Herlin, le père, possède un effectif, y compris les chefs, de   212

La seconde compagnie est celle de Claude de le Hove, qui, après l'émigration de son capitaine, fut commandée par Jehan de Lattre, le fils.

Son effectif est de 210 hommes, y compris les chefs...   210

La troisième compagnie est celle de Jehan Pottier. Elle fut ensuite commandée par Simon Logier, puis, après que celui-ci se fût enfui dans une reconnaissance dirigée vers Famars, par François Voisin, dit *A le Barbe*, surnom tiré sans doute de l'enseigne de sa maison de commerce.

Elle comprenait 169 hommes, y compris les officiers   169

Total.....   591

L'effectif des « *trois cens* testes bourgeois » s'éleva donc pendant le siége à *600* hommes.

Pour achever la démonstration et tâcher de l'établir d'une manière définitive, je citerai un passage du « besoigné » des commissaires royaux, adressé au roi. Cette pièce est la plus importante de toutes peut-être pour les historiens futurs. Or, il n'y est nullement question de trois compagnies formées par le consistoire, mais, en revanche, on y lit ce qui suit :

(Il est d'abord question des scènes tumultueuses qui eurent lieu sur le grand marché le 23 novembre 1566. Le peuple demandait la cène à grands cris. Puis le manuscrit continue en ces termes :)

« Sur quoy le Magistrat feist assembler grand nombre des « principaulx bourgeois qui furent d'advis de mander les mi- « nistres et, par leur moyen, accoiser le tumulte du peuple, « comme fust faict. *Et fust aussy résolu en icelle assemblée de* « *retenir en armes lesdicts III*ᶜ *testes pour réprimer telles et* « *semblables insolences et d'en advertir le seigneur de Noir-* « *carmes* (1), et, *suyvant ce*, Michel Herlin, l'aisné, fust « *continué* en son estat de cappitaine, et Simon Logier fust « subrogué au lieu de Jehan Pottier, cappitaine, et, depuis « la retraicte dudict Logier, Franchois Voisin, et au lieu de « Claude de le Hofve, troisiesme cappitaine, fust mis Jehan « de Lattre, *par charge et induction du Prévost, Magistrat et* « *Conseil d'icelle ville*. Et avoit ledict Michel Herlin, l'aisné, « Michel Cambier pour porteur d'enseigne, avec Pierre de « Colêmes (?) et Pierre de Cartegnies pour sergeans de « bande, et le supporteur dudict Cambier se nommoit Jehan « Mordach (Morda). Ledict Franchois Voisin avoit Bauduin « Carpentier pour porteur d'enseigne et pour sergeans de « bande Pierre Dubiez et Christoffle Lemoisne, et ledict « Jehan de Lattre avoit Jehan de Cartegnies pour porteur « d'enseigne et Christoffle Lescaillier, sous-porteur dudict

---

(1) Ainsi il faut noter ce point : le 20 novembre, Noircarmes avait cassé les 300 têtes, et le 23 du même mois, le Magistrat et les principaux bourgeois prenaient la résolution de les maintenir et d'avertir Noircarmes de cette mesure, nécessitée par l'état tumultuaire de la ville.

« enseigne, et pour sergeans de bende Laurent de le Croix
« et Jacques du Ruet.

« Les aultres bourgeois reprindrent les armes de leur pro-
« pre mouvement pour maintenir la nouvelle religion ou par
« enhort des ministres et ceulx du consistoire, disans qu'ilz
« n'estoyent deuement absoulz de leur serment et que ce
« n'estoit la manière de casser les gens à la porte, avec
« aultres raisons, ou par commandement des cappitaines qui
« disoyent avoir ordonnance du Magistrat de ce faire, pour
« maintenir le peuple en paix. Et ceulx qui ne vouloyent
« obéyr *estoyent contraincts par commandement du Magis-*
« *trat* (1). Tant y a que plusieurs se sont mis soubz la com-
« paignie dudict Michel Herlin et Franchois Voisin *et en plus*
« *grand nombre que la compaignie ne debvoit porter*, pour
« l'affection qu'ilz avoyent à maintenir la nouvelle religion ».

Ainsi se trouve confirmé ce que j'ai dit plus haut touchant l'élargissement des cadres.

Le lecteur trouvera sous le paragraphe suivant de nouveaux indices dans le sens de mon opinion, mais il n'y a
pas lieu d'anticiper.

Enfin je fais observer que M. Carlier compte (p. 182)
six capitaines bourgeois :

> Michel Herlin, le père,
>
> Jehan de Lattre, le fils,
>
> François Voisin,
>
> Simon Logier,
>
> Michel Cambier,
>
> et Pierre Mustelier.

Or, Simon Logier n'est que le prédécesseur de François Voisin, comme capitaine de la troisième compagnie
bourgeoise.

---

(1) Lettre du Magistrat à Noircarmes en date du 25 novembre 1566
(tome VI des *Mémoires*, p. 224 et seq.). On y verra que sans les
300 têtes, Valenciennes eût encore été le théâtre de graves désordres,
dans la soirée du 23 novembre et la journée du 24. Voir surtout ce
passage caractéristique : « *et sans l'assistence desdictes IIIe testes,*
« *ne voyons moyen de contenir le peuple* ».

Michel Cambier est le porteur d'enseigne de la première compagnie sous Michel Herlin.

Enfin Pierre Mustelier, d'abord lieutenant de tout-nuds sous Philippe Lefebvre, devient capitaine de la compagnie après la capture de son chef.

Il me semble qu'il y a là un nouvel argument contre la coexistence de six compagnies bourgeoises.

§ II

LES TOUT-NUDS

C'est sur ce point surtout que je me trouve en désaccord avec M. Carlier, qui voit en la plupart d'entre eux des criminels ou des bannis ayant profité du droit d'asile valenciennois, leur refuse tout courage, etc.

J'apporte ici des renseignements nouveaux. Éclaircissent-ils la question définitivement et sans appel ? Les probabilités paraissent grandes en ce sens.

On a vu plus haut que le 23 novembre, le Magistrat, contraint par la nécessité, avait maintenu et prorogé les compagnies bourgeoises, et Noircarmes, malgré le « cassement » du 20 novembre 1566, n'avait pas réclamé, tant sans doute le danger lui avait semblé imminent (1).

______

(1) Voir la lettre des députés valenciennois au Magistrat, de Condé, le 30 novembre 1566. (Tome VI des *Mémoires*, p. 261.)
Voici le langage que tient Noircarmes aux députés : Il faut « par
« effect et voye de faict et avec armes se bander contre ledict popu-
« laire et faire ouverture de quelque porte , *et à ceste cause les*
« *III^c testes* et aultres bons bourgeois sont soufflsantes et ont esté
« instituées ».
Noircarmes reconnaît donc implicitement l'utilité et l'existence *actuelle* de ces compagnies qu'il a cassées dans un mouvement de colère.

Mais ces trois enseignes ne suffisaient pas et il y avait obligation de lever de nouveaux soldats.

Une autre raison, plus impérieuse encore, militait en faveur de cette nouvelle levée. Depuis longtemps, le commerce baissait à Valenciennes et il était devenu presque nul depuis les prêches. Les artisans, en majorité calvinistes (car ils avaient assisté en nombre considérable aux prédications), mouraient de faim. Il fallait leur donner du pain. C'est alors que surgirent deux résolutions : employer une partie de ces malheureux aux fortifications et enrôler les autres moyennant une paie modique.

Voilà l'idée première, elle est claire comme le jour.

Passons maintenant à la question d'organisation et essayons de la résoudre à l'aide de documents qui voient le jour pour la première fois.

Pour lever les tout-nuds, il fallait d'abord opérer le recensement de tous les hommes valides, non enrôlés déjà. L'initiative paraît avoir été prise chez le calviniste Jacques Gellée. Puis la question fut portée au Conseil extraordinaire et résolue dans la délibération tenue le 15 décembre 1566.

Voici ce qu'on lit dans cette délibération (1) :

« A esté assamblé et communicquié bon et grand nombre
« de bourgeois auxquelz a esté proposé et remonstré (par le
« Magistrat)..... Item pour entendre avec les conestables à
« mectre et renger soubz dixeniers, cinquanteniers et cente-
« niers tout hommes tant maryéz que à maryer *non estans*
« *soubs enseignes ny aultrement polliciéz*. Ont aussy esté dé-
« nomméz et députéz Gérard Aoustin, Claude Vivyen, Claude
« Martin, Nicolas Thoillier, Pierre du Cornet, Jacques le
« Conte, Jehan Verron et Simon Despretz ».

Ces mots : *non aultrement polliciéz*, sont importants.

____

(1) Registre *Actes concernant Valenciennes*, — 1566, aux archives de Bruxelles.

Le mot « *pollize* » signifie billet, cahier, rôle (1). Il s'agissait donc de dresser la liste de ceux qui ne figuraient pas dans les enseignes bourgeoises, et dont le nom n'était pas non plus couché sur d'autres rôles, tel que celui des « hottiers », etc.

Comme on le voit, il n'est pas question d'étrangers, mais de gens mariés ou à marier, non enrôlés ni « polliciéz », sans distinction.

Bien plus, on pourrait jusqu'à un certain point trouver un argument *à contrario* dans une autre délibération du même Conseil, en date du 24 décembre 1566. Le Magistrat expose que nombre d'étrangers se sont réfugiés à Valenciennes, fuyant devant les troupes de Noircarmes, notamment des habitants du faubourg Notre-Dame, qui est cependant clos et en état de défense. Le Conseil tire prétexte de là pour décider : 1° qu'on fera retirer ceux du faubourg Notre-Dame ; 2° qu'on fera « retrœuve des « estrangiers que pour congnoistre de ceulx qui polront « estre admis à demorer et faire rethirer les aultres... »

Inclusio unius exclusio alterius. Si deux commissions fonctionnent parallèlement, l'une dressant le rôle des gens qu'il s'agit de mettre sous dizeniers, cinquanteniers et centeniers, l'autre faisant « le retrœuve des estrangiers », il me semble que ces derniers ne pouvaient figurer sur la première liste.

D'ailleurs il faut bien penser à ceci : les vivres étaient fort rares, le peuple affamé. Est-ce qu'il n'était pas plus naturel de donner un morceau de pain à nos natifs, que d'entreprendre de nourrir des étrangers, des réfugiés, des bannis ?

Tout cela n'est pas sans valeur, mais ce n'est en défi-

---

(1) Le sens est encore conservé dans certains cas, comme lorsqu'on dit « une police d'assurances ». L'étymologie ne serait-elle pas tirée de *pollex* (pouce)? Une « *pollize* » est un cahier qu'on retourne avec le pouce.

nitive que de l'interprétation , et certes je ne me considère pas comme impeccable sous ce rapport. Mais voici
des textes qui nous expliquent quel usage firent les
calvinistes des nouveaux rôles une fois dressés ; ces
textes sont tirés d'un document irréfutable , le « besogné
des commissaires » :

« Et fault entendre que les iii⁰ (1) testes soldatz appelléz
« toutz nudz , aux gaiges de ii patars par jour, estoyent jà
« levéz *suivant la proposition faite par aucuns bourgeois*
« *en assemblée tenue sur aultres difficultéz* ». (Ne s'agit-il pas
là de la délibération du 15 décembre où l'on avait traité
d'autres sujets ?) « Or, furent choisis pour cappitaines George
« Le Blond et Philippes Lefebvre, absens, qui furent mandéz
« par un sergeant à le vergue, et pour le iii⁰, Jehan Mahieu,
« présent en ladicte assemblée, lequel en feist difficulté.
« Néantmoins il fust enfin persuadé par ladicte compaignie
« tellement qu'il empreint la charge *par commandement du*
« *Prévost,* comme il a déclairé. Et, quant aux deux aultres,
« n'en feirent difficulté ou reffus. Depuis la mort dudict Phi-
« lippes Lefebvre, Pierre Mutelier, son lieutenant, fust cap-
« pitaine de la compaignie , *lesquelles trois cens testes soldatz*
« *furent du commencement meslées et joinctes avec les trois*
« *compaignies bourgeoises (2) pour les soulager de guet et*
« *garde.* Depuis furent répartis soubz trois enseignes., et
« avoit ledict Jehan Mahieu pour son porteur d'enseigne
« Jacques Manechier, et pour sergeant de bende ou cappe
« d'esquadre Franche de le Haye. Georges Leblond avoit
« deffunct Anthones Valem (Valin ?) pour porteur d'enseigne
« et Jehan Turotte pour sergeant de bande, et Philippes
« Lefebvre avoyt pour porteur d'enseigne Laurent Pattou et
« Pierre Carpentier pour sergeant de bende ».

Pas un mot de ces proscrits, de ces criminels réfugiés

---

(1) Pour moi , cette expression n'a rien de décisif. De même que
les trois cents têtes bourgeoises étaient au nombre de six cents,
de même les tout-nuds dépassaient de beaucoup le chiffre de trois
cents. En effet, ils se signalèrent surtout dans la sortie du 19 mars,
où ils devaient être au complet , et cependant on leur avait déjà tué
200 hommes à Prouvy et à Saultain. De plus ils escarmouchaient
tous les jours et perdaient sans cesse du monde. A ce compte-là, il
ne leur serait pas resté un homme le 19 mars !

(2) Trois et non pas six.

dont parle mon estimable contradicteur, et certes les commissaires royaux n'auraient pas manqué de mettre en relief cette circonstance, s'ils l'avaient pu !

D'un autre côté, j'ai souligné un passage que je considère comme un véritable trait de lumière. Dans les premiers temps, disent les commissaires, les tout-nuds furent confondus avec les têtes bourgeoises et firent le service du guet et de la garde pêle-mêle avec eux. Peut-on penser que Michel Herlin, François Voisin, Jehan de Lattre et leurs soldats, appartenant à la bonne bourgeoisie, auraient souffert d'être confondus avec des criminels, des assassins, des vagabonds, des faussaires ?

Les commissaires disent ensuite que l'idée de lever les tout-nuds avait pris naissance dans un conciliabule tenu chez Jacques Gellée. Il avait été décidé en même temps que la paie de ces hommes ne serait pas supportée par la ville, mais serait couverte au moyen d'une contribution particulière et volontaire. Cette résolution fut suivie et je possède le rôle des paies. Autre détail. On voit dans le besogné que Jacques Gellée et son domestique, Jehan Muyson, faisaient le pourchas pour les compagnies Mahieu et Lefebvre, et Jehan Tistart (ou Testart) pour la compagnie Leblond.

Enfin le paragraphe suivant commence ainsi :

« *Outre les six enseignes de gens de pied*, y avoit certain
« nombre de chevaucheurs, dont Michel Herlin, le josne,
« estoit comme le principal, et Jehan Fontaine, brasseur,
« porteur de guidon, etc. ».

Voici encore la preuve qu'il n'y avait que six enseignes de piétons, dont trois de bourgeois et trois de tout-nuds.

Il me semble que le terrain est déjà bien déblayé. Qu'ai-je dit encore ? Que les tout-nuds étaient des artisans valenciennois. Je répète qu'ils ne pouvaient être autre chose. Des bourgeois riches ou aisés, les uns avaient émigré, les autres, catholiques ou calvinistes,

étaient entrés dans les trois cents têtes. Restaient donc
les artisans, les gens de métier, les « méchanicques »,
comme on disait alors. D'Oultreman est d'ailleurs formel
sur ce point : « Il y avoit, écrit-il, de bons soldatz entre
« les bourgeois et, outre les précédentes, ilz avoient levé
« trois nouvelles compagnies de *bourgeois,* qu'on appe-
« loit *tout nuds, pour estre composées des plus pauvres*
« *de la ville,* qui n'avoient moyen de gaigner leur vie en
« ce destroict ».

Maintenant vais-je prétendre que parmi les tout-nuds
il n'y avait pas de réfugiés couverts par le droit d'asile ?
Je ne serai pas aussi absolu et je répéterai ce que j'ai dit
en 1874, à savoir que, dans des conjonctures pareilles,
on prend les bras vigoureux là où on les trouve. M. Carlier cite deux réfugiés ; je lui en concède dix, vingt,
trente, mais je soutiens que la grande majorité des
tout-nuds était valenciennoise. Où veut-il donc placer
toutes ces bouches affamées ? Veut-il prétendre que
ceux-là seuls avaient faim qui étaient étrangers ?

M. Carlier répugne à voir des Valenciennois dans ces
« brimbeurs, ces bélistres, ces délocquetéz ». Cette répugnance procède d'un sentiment louable, mais enfin, nous
ne créons pas l'histoire et nous prenons les choses comme
elles sont. Ces artisans ne travaillaient plus depuis longtemps et étaient tombés dans une extrême pauvreté. Or,
il n'y a pas de pires conseillères que l'oisiveté et la
misère. C'est pourquoi ils commirent pendant le siége
des actes qui ne leur seraient même pas venus à l'esprit,
alors que le travail, ce grand moralisateur, leur était
assuré.

Enfin montrèrent-ils quelque courage ? Il me semble
qu'avec un peu de bonne volonté, nous devrions nous
entendre sur ce point, mon contradicteur et moi. Il y a
plusieurs espèces de courage : l'un vient de la nature et
est comme involontaire , c'est le courage de tempéra-
ment ; l'autre a sa source dans les sentiments élevés,

dans l'amour de la patrie, dans le sentiment de l'honneur, dans le fanatisme même, qui n'est que la déviation d'un noble sentiment ; enfin il y a le courage de la faim et du désespoir. L'homme, pour qui la vie ne représente que la souffrance et les privations, fait bon marché de cette vie et dès lors il peut facilement montrer quelque bravoure. Tel est à mon avis le cas des tout-nuds, dont beaucoup aussi connurent les inspirations du fanatisme. Certes, ils « se battirent bien » dans cette sortie du 19 mars 1567, où ils culbutèrent les soldats de Charles de Mansfeldt et ne reculèrent que pas à pas devant la gendarmerie. Tous les contemporains leur rendent justice à cet égard (1). Ils tinrent beaucoup moins bien à Prouvy et à Saultain, les 12 et 15 janvier 1567, mais il faut observer qu'ils étaient occupés à faire les réquisitions dont nous allons parler, qu'ils étaient embarrassés par leurs chariots, et qu'enfin ils furent surpris. Sans doute ils se gardaient assez mal, mais quoi d'étonnant à cela ? Ils n'étaient pas soldats de profession et l'on comprendra difficilement comment ils auraient pu vaincre en rase campagne les premières troupes de l'Europe : je veux dire les gendarmes d'ordonnance et les piétons wallons

---

(1) Voici ce que dit d'Oultreman :

« Ils (les *tout-nuds*) firent encore plus clairement remarquer leur « valeur (si ce nom peut convenir en la défense d'une mauvaise « cause), lorsque la ville fust assiégée de près. Car, au tesmoignage « des historiens estrangiers, ils firent par la porte Cardon une sortie « si brusque et résolue, *qu'on les eût pris tous pour des vieux* « *routiers et soldats expérimentéz* et non pas pour des *bourgeois* « *et artisans.* De prime abord, ils forcèrent les trenchées, tuèrent « bon nombre de royaux et mirent l'épouvante jusque dans le cœur « des chefs eux-mêmes ».

Pontus-Payen est encore plus expressif :

« Les principaulx capitaines de nostre armée confessoient, dit-il, « que de vieux soldats n'eussent sçeu mieux dresser l'escarmouche » et faire retraicte avec meilleur ordre ».

Nicolas Burgundus dit (f° 462) :

« *Multi in civitate veterani erant. Quibus ferocissimus quisque* « *ex plebe permixtus Cardoniâ portâ in stationes erumpunt. Præ-* » *lium acriter nec ut cives sumpsere* ».

Il n'y a donc qu'une voix sur ce point.

qui, à Muhlberg, à Saint-Quentin et à Gravelines avaient battu à plate couture les meilleures troupes de l'Allemagne et de la France, conduites par des chefs tels que l'électeur de Saxe, le landgrave de Hesse, le connétable de Montmorency, l'amiral de Coligny, le maréchal de Thermes, etc.

D'ailleurs, je ne vois pas qu'à Prouvy, ils n'aient pas cherché à se défendre. On ne tombe pas mortellement blessé comme Philippe Lefebvre, entre les mains de l'ennemi, lorsqu'on a demandé son salut à la fuite (1).

Enfin ces trois rencontres ne sont pas les seules. J'ai les mains pleines de pièces où sont relatées des escarmouches journalières, vers Anzin, au Mont de Sable (2), etc., et toujours je vois que des deux côtés on a maintenu sa position, qu'on a eu des morts et des blessés.

En un mot, je n'ai jamais entendu faire des héros de nos tout-nuds. J'ai dit qu'ils avaient été capables de courage et je le maintiens.

---

(1) D'Oultreman dit même que deux capitaines furent blessés et l'un d'eux fait prisonnier. Ce dernier est Philippe Lefèvre. Il mourut à Condé, fut enterré sur la berge de l'Escaut et sa dépouille mortelle servit de pâture aux chiens errants. Toute cette histoire est singulièrement tragique.

(2) D'Oultreman cite, entre autres épisodes, l'escarmouche des moulins au tan, la sortie sur Trith. — D'après mes documents, les escarmouches étaient, je le répète, journalières.

§ III

LES RÉQUISITIONS DE BLÉS ET AUTRES CÉRÉALES

C'est un spectacle à la fois triste et curieux que celui d'une ville bloquée, qui s'administre révolutionnairement sous le coup d'une nécessité « qui n'a pas de loi ».

Pour être clair, il faut diviser le sujet en deux parties : parler d'abord des bourgeois, ensuite des artisans et indigents (je pense que la nuance était bien faible entre ces deux dernières catégories, surtout à la fin du siége).

Aux premiers, le conseil, que j'ai qualifié déjà d'extraordinaire et qui avait à sa tête ce qui restait du Magistrat, demanda de s'imposer de plusieurs façons. La contribution pour la solde des soldats à deux patars ayant été volontaire, je n'ai pas à y revenir. Mais les taxes pour l'entretien des pauvres et pour l'établissement ou réfection des fortifications, furent générales et obligatoires. La commune elle-même (considérée comme être moral), contribuait à la subsistance des pauvres pour quatre-vingts livres tournois par semaine (1).

---

(1)   *Conseil du 23 décembre 1566.*

« Sur ce que a esté remonstré comme jà par plusieurs fois et « sepmaines l'on avoit délivré de la part de la Ville aux maistres et « superintendans de la commune et généralle aulmosne et pour « subvenir aux affaires d'icelle et nécessité des povres, la somme « de quatre-vingts livres tournois, et comme ceste ville avoit de « grant fraix à soustenir en pluisieurs endroitz et peu de proffit et « cattel présentement, et qu'estoit à adviser comment on en polroit « faire.

« A esté advisé, voyant l'indigence des povres en grant nombre « de plus en plus, de encoires continuer de délivrer lesdicts IIII^{xx} « l. tournois par chascune sepmaine, jusques ad ce que aultrement « sera advisé et conclud. »

La taxe ayant pour objet de fournir la subsistance aux pauvres, notamment sous forme d'un travail rétribué, fut arrêtée dans le conseil du 17 décembre. Elle parut lourde à des gens dont le gain avait cessé et dont les revenus avaient tari. Voici ce que je trouve dans la délibération dudit Conseil, en date du 24 décembre 1566 :

« Sur ce que a esté donné à congnoistre comme suivant
« l'advis heu le xviie de ce mois, pour cœillier argent en dons
« pour povoir entretenir les povres et indigens en ouvraiges
« et leur donner moyen de vivre (1), pluisieurs de ceulx qui
« avoient esté assis et portionnéz raisonnablement, selon leur
« estat et qualité, par l'advis de bon nombre des principaulx
« bourgeois, estoient en reffus de payer ; meismes, estant
« appelléz vers Messieurs (le Magistrat) pour les oyr et
« induyre à contribuer par tous bons moyens, contempnant
« la justice, n'ont fait debvoir y venir ny monstrer obéis-
« sance.
« A esté conclud de constraindre les reffusans, n'est qu'ilz
« donnent excuses suffisantes et raisonnables ».

Plus l'on avança, plus les difficultés de recouvrement s'accrurent. D'un autre côté, se révéla l'insuffisance de la taxe des fortifications. Il fallut changer de plan. Le nouveau système fut fourni par les réquisitions de blé et par les mesures économiques et financières qui en découlèrent.

Les écrivains qui jusqu'ici n'ont fait, faute de documents, qu'effleurer l'histoire du siége, n'ont pas toujours été d'accord sur le caractère des réquisitions de blé. Quelques-uns y ont vu une série de déprédations, de pillages à la charge des tout-nuds. Il est bien clair que, quand ceux-ci emportaient, comme le dit M. Carlier, des horloges et autres meubles, ils commettaient des vols dont personne ne songe à les excuser, mais il n'en est pas de même en ce qui concerne les céréales. Là, ils

____

(1) Je n'ai pas retrouvé la délibération du 17 décembre.

n'étaient que les instruments de ce conseil extraordinaire, qui désormais représentait la Ville, le corps de la ville comme on disait alors.

Ces réquisitions d'ailleurs, quels qu'en fussent le caractère et la légitimité, étaient devenues nécessaires. Sans doute les Valenciennois avaient cru au succès de la ligue des Gueux, à la capitulation du roi. Lors même qu'ils affrontèrent le siége, ils ne le firent que dans l'attente d'un prompt secours (1). Cela explique comment ni le Magistrat, qui avait la haute main sur la halle, ni les particuliers, n'avaient pris leurs précautions et avaient laissé passer la récolte de 1566 sans faire d'amples approvisionnements.

Nous trouvons dans la délibération du Conseil, en date du 4 janvier 1567, un renseignement fort important. Il en résulte : 1° Que l'on fit le « retrœuve » des ménagers qui étaient dans l'obligation d'acheter leur blé à la halle, n'en ayant pas chez eux ; 2° qu'une quantité de blé dépassant cent quarante muids par semaine fut jugée nécessaire ; 3° qu'il y avait alors fort peu de blé en ville :

« A esté donné à congnoistre comme, par la retrœuve

(1) J'ai dit ailleurs que la ville comptait être débloquée et M. Carlier souligne ces mots bien simples. Je faisais par là allusion à des rumeurs qui ne paraissent pas être connues des historiens valenciennois. Ainsi, au rapport de Jacques Gellée, le comte de Hornes, se trouvant à Antoing, lui avait dit que « sy on povoit tenir la « ville encoire trois sepmaines que ce seroit assez, leur donnant « advis de se deffendre sy on les assailloit ». Suivant d'autres, le seigneur d'Audregnies, passant dans les faubourgs de Valenciennes, avait dit qu'il s'apprêtait un tel secours que les cheveux se dresseraient bientôt sur la tête de Noircarmes. Il existe dans le même sens une lettre écrite d'Anvers, le 24 janvier 1567, par les deux délégués du consistoire, Jacques Gellée et Antoine Morrenart. Enfin il est encore question de billets écrits par les seigneurs de Villers et de Wingle, tant à Simon Logier qu'à M. d'Audregnies, d'après lesquels il semblait « que de brief « les armes se prendroyent selon l'apparence ». Tout cela a été dit et publié par moi dans le *Bulletin d'histoire du protestantisme français* (nos des 15 août 1878, 15 février et 15 mai 1879). Les documents d'où sont tirés ces renseignements, ne sont-ils pas connus des historiens valenciennois ? Ils reposent pourtant aux archives générales du royaume de Belgique.

« faicte parmy la ville de tous les mesnaigiers ausquelz
« convient acheter bledz en la halle, il en faudroit bien par
« chascune sepmaine cent et xl muys et plus, et si s'en
« trouve bien petit nombre et peu de pourveu en la ville,
« au moyen de quoy polroit advenir grand trouble et incon-
« vénient en la ville ».

Cet état de choses, évidemment grave, préoccupe
beaucoup le conseil extraordinaire. Il en est encore
question dans la séance du 15 janvier 1567 :

« A esté remonstré, comme encoires a esté faict, que, par
« la visitation des conestables et rapport qu'ilz ont faict des
« grains trouvéz ès maisons des bourgeois en ceste ville, ne
« s'en trouvoit gherres ny de pourveus, mais fort grand nom-
« bre ausquelz en convient avoir et acheter en la halle,
« et combien que l'on ayt esté quérir grains et garbes au
« dehors et les mis en divers lieux en la ville, Messieurs, à
« bien grande difficulté, sçavoient trouver grains pour jour-
« nellement mectre et pourveoir ladicte halle de ce qu'il en
« est besoing, nonobstant qu'on y melle de l'orge.
« Estoit partant à sur ce adviser et mectre ordre.
« A esté conclud et advisé de dénommer et commectre
« ceulx cy-après, pour de rechef faire visitation et retrœuve,
« par les maisons, boulangiers, cambiers (brasseurs) et
« aultres, que aussy prendre regard et entendre à ce qu'il
« poelt avoir ès granges, églises et aultres lieux, comme sur
« les basteurs, et que le grain que journellement l'on y bat
« soit recoeillié et mis en certains lieux et greniers seure-
« ment que, pour par eulx, en furnir la halle et estre vendu
« et distribué, assavoir : Franchois Saulmon, Claude Gre-
« bert, etc... »

Il n'y avait à cette disette qu'un remède; réquisitionner
les grains aux alentours, les placer en lieux sûrs dans
la ville, en centraliser la vente et la distribution dans la
halle de Valenciennes.

De là les réquisitions exercées d'abord dans les faubourgs, puis dans les abbayes (Crespin, Fontenelles, etc.); et enfin dans les *censes* des villages.

Les passages suivants prouvent jusqu'à la dernière
évidence que ces réquisitions sont faites pour le compte

de la ville. Celle-ci en effet paie *définitivement* les char-
geurs, et *provisoirement* les charretiers, sauf recours
contre les propriétaires de denrées.

Conseil du *27 décembre 1566.*

« Sur ce que a esté remonstré comme pluisieurs chartons
« (charretiers-voituriers) avoient esté avec leurs kars et che-
« vaulx quérir et voiturer grains et garbes de bledz par
« divers jours des maisons et censes des faulxbourgs (1) de
« ceste ville pour amener en icelle et en provision, dont ilz
« en demandoient et poursuivoient sallaire et paiement.

« A esté advisé de leur donner sallaire tel que avoit esté
« advisé et taxé par certain rolle et recœil sur ce faict, et
« que par la ville et les massars leur en soit faict paiement
« et *prest* (c'est-à-dire *avance*). » — Nous citerons plus loin le
reste de la phrase, et l'on verra ce qu'il faut entendre par ce
mot de « *prest* ».

« Et au regard des manouvriers et aydes estans employéz
« à chergier lesdits chariotz et porter grains et garbes,

« A esté conclud que la ville leur en fera payement et
« portera (supportera) la despence ».

Conseil du *11 janvier 1567.*

« Sur ce que Pierre Lepoyvre a faict remonstrance com-
« ment la despence faite par les soldatz estans alléz à Fonte-
« nelles, ensemble les sallaires des bacqueteurs et ouvriers
« ayans esté empeschiéz à chergier et amener grains et
« garbes en la ville portera à grant somme, et dont estoit
« requis faire le payement et contentement.

« A esté advisé que *la ville* porte et furnie la despence de
« bouche desdits soldatz.

« Et quant ausdicts bacqueteurs et ouvriers, ont été dé-
« nomméz et commis pour faire taxation de leurs ouvraiges
« et sallaires, selon qu'il sera trouvé appertenir, etc. (Suivent
les noms.)

« Ont aussy esté dénomméz et commis (ici les noms) pour
« eulx transporter demain à Fontenelles veoir et adviser s'il
« y a encorres grains ou garbes à amener, sinon de faire

---

(1) Ainsi l'ordre chronologique des pièces indique qu'on s'adressa
d'abord au plus près, c'est-à-dire aux « norretiers » des faubourgs.

« rethoùrner lesdictz soldatz sans les laisser faire aucun
« désordre.

« Item, pour adviser et mectre ordre que les grains en
« garbes en pluisieurs lieux en ceste ville soient battus et
« mis à point, et que le contrerolle (contrôle) et garde soit
« faicte des grains que pour les faire mectre, distribuer et
« vendre à la halle (1), ont esté commis, etc. »

Conseil du 13 janvier 1567.

« Comme il fut proposé que pluisieurs chartons avoient
« esté avec leurs kars, karettes et chevaulx, quérir et voye-
« turer grains et garbes de bledz et aultres, par divers
« jours, de pluisieurs censses cy enthour et de Fontenelles,
« qu'ilz auroient amené en ceste ville en provision et lesquelz
« chartons comme aussy pluisieurs ouvriers, ayant esté em-
« ployéz à cherger et porter lesdicts grains et garbes,
« demandent avoir de leurs paincs et sallaires payement et
« contentement.

« A esté advisé, comme et devant du xxviie du mois passé,
« que leur soit fait taxation de leurs sallaires, et que, selon
« ledict tax, leur soit fait le paiement *en prest* par les massars
« qui s'en rembourseront sur les deniers venans et procé-
« dans desdicts grains, et sur chascun à quantité et à l'adve-
« nant de leur portion, saulf que, quant ausdicts ouvriers et
« aydes, leur salaire se payera et suportera par ceste ville ».

Enfin, par délibération du 29 janvier 1567, ledit Conseil
accorde xx livres tournois à Jehan Dubois et Mahieu
Leducque

---

(1) Nous ne voyons qu'une seule exception à ce principe de la
vente en régie. Elle est faite au profit de l'Hôtel-Dieu :

Conseil du 17 janvier 1567.

« Sur ce que a esté proposé comme la maistresse de l'Hostel-Dieu
« en ceste ville avoit remonstré à Messieurs comment la maison
« n'avoit gherres de bled, et en estoit deu par aulcuns censsiers de
« dehors les portes, ce qu'elle désiroit bien de pooir avoir et recep-
« voir que pour pourveoir ladicte bonne maison et en traicter les
« povres et malades, mais qu'il y avoit certains commis tenant
« regard sur les bledz en ladicte ville, *pour tout faire mectre et*
« *vendre seullement en la halle.*
« Sy estoit à sur ce délibérer.
« A esté conclud de leur laisser et permettre en avoir et recep-
« voir de leurs censsiers ce que leur en sera de besoing ».

« pour leurs paines, solicitudes, labeurs et vacations faictes
« en prenant regard et tenant contrerolle sur les kariaiges
« et voyetures de grains et garbes prins et venans des faulx-
« bourgs et villaiges voisins, au durant le terme et espace
« de cincq sepmaines et aucuns jours ».

J'arrête mes citations à la fin de janvier 1567. Elles
prouvent jusqu'à la dernière évidence que les réquisitions de grains eurent lieu pour le compte de la ville et
sous la responsabilité du Conseil. Toutefois, si je m'en
tenais là, la responsabilité ne serait que déplacée. Étant
donné que jamais l'intention de rembourser les denrées
n'aurait existé, la « *rei alienæ fraudulosa detrectatio* »
pourrait être imputée, sinon aux tout-nuds, du moins au
Conseil représentant la ville.

Mais il n'en est pas ainsi et plusieurs passages des
délibérations prouvent que les représentants, plus ou
moins autorisés de la cité, mais les seuls qui en définitive
existassent, comptaient payer la valeur de ces grains,
aussitôt après le déblocus de la ville. Je citerai deux de
ces passages.

Délibération du 27 décembre 1566.

Il y est dit que le salaire des charretiers sera *avancé*
par les massars
« *pour le ravoir et rethirer des censiers et laboureurs sur les*
« *deniers du vendaige de leurs grains*, chascun à portion et
« quantité (1) ».

En d'autres termes, lorsqu'on remboursera aux fermiers le prix de leurs grains, on leur retiendra le prix du
voiturage, qu'ils auraient dû supporter pour amener leurs
denrées sur le marché de Valenciennes.

Délibération du 25 janvier 1567.

Des bourgeois viennent demander que l'on emploie à
secourir les pauvres les orfévreries provenant du bris
des images, et voici ce que le Conseil leur répond :

(1) Voir aussi à la page précédente la délibération du 13 janvier 1567.

« Et aultres auroient advisé et trouvé plus expédient (pour
« moins yrriter la court) de lever deniers et les prendre sur
« le vendaige que on faict des bledz et grain venant des
« censses et biens d'abbayes....., *que pour cy-après les rem-*
« *boursser par ceste ville* ».

Ce qui prouve encore l'intention de restituer, c'est la
délibération du 1ᵉʳ janvier 1567, relative aux débris provenant du sac de l'abbaye de Fontenelles. Le Conseil
ordonne que « touttes et quelconques les parties de
« meubles et baghes tant licthières que estains, cuivre,
« férailles et autres soient recoeillées ensemble, amenées,
« mises et tenues en sçeur lieu et garde *que pour les*
« *rendre.....* »

Assurément de l'intention au fait il y a loin et nous
comprenons fort bien cette réflexion de M. Carlier disant
que les fermiers n'acceptaient qu'avec répugnance les
méreaux au moyen desquels ils devaient être remboursés
plus tard. Toujours est-il que celui qui a l'intention,
impuissante peut-être, de payer, n'est pas un pillard.
Et puis, nous l'avons déjà dit avec le fabuliste, nécessité
n'a pas de loi. Pierre Rasoir, ceux de ses échevins qui
n'avaient pas émigré, d'autres bons catholiques encore
que les calvinistes empêchaient d'user des sauf-conduits
de Noircarmes, faisaient partie du conseil extraordinaire.
Ils devaient pourvoir à l'approvisionnement de la ville,
à peine des plus grands désordres et des dernières
violences.

Il nous reste maintenant à exposer le mécanisme écono-
mique et financier, auquel la vente des grains servit de
pivot. Fidèle à notre système, nous allons encore recourir
à des textes inédits.

Nous avons vu le Conseil, contraint par la plus pres-
sante des nécessités et par la considération de son propre
salut, mettre la main sur les grains battus et en gerbes
se trouvant dans la ville, dans les faubourgs, dans les
abbayes dévastées par le fanatisme religieux, dans les

villages circonvoisins , faire battre les gerbes et accumuler les grains dans la halle de la ville. Là siége une commission, qui a sous ses ordres des mesureurs et un préposé à la recette, nommé Pierre Horin, qui lui-même n'est que le mandataire de Pierre Lepoivre.

Les bourgeois viennent acheter leur grain à la halle, suivant une mercuriale que je n'ai pas retrouvée, et en paient le prix aux mesureurs qui le remettent à Pierre Horin.

Quant aux artisans et indigents, voici comment la chose se passait : il existait en « chascun ruaige » (quartier) des commissaires qui , après avoir dressé la liste des pauvres dont ils avaient la surveillance , communiquaient les noms au Magistrat et l'avertissaient des besoins de chaque famille. Ces indigents recevaient des commissaires des « plommets (1) » qu'ils remettaient aux mesureurs de grains, en se présentant à la halle. Que se passait-il alors? Pouvaient-ils, avec ces « plommets », se faire délivrer du grain *gratis*? Je ne le crois pas : la ville n'aurait pas été assez riche pour faire de telles largesses, mais il est probable qu'ils l'obtenaient à prix réduit, car s'ils eussent été forcés de l'acheter au même prix que les bourgeois, on ne voit pas à quoi auraient servi les plommets. D'ailleurs l'idée du *maximum*, en matière de denrées, apparaît dans toutes les circonstances semblables. Comme , avant tout, il faut manger, c'est sans nul doute à ces achats que les indigents non valides employaient les quatre-vingts livres tournois qu'ils recevaient chaque semaine de l'Aumône générale, que les tout-nuds employaient leur solde , et que les « hottiers » (ouvriers des fortifications), très-nombreux, comme on va le voir, employaient la solde qu'ils recevaient de Pierre

---

(1) Ce mot de « plommet » ne se trouve, à ma connaissance, dans aucun dictionnaire de la langue romane, mais je pense qu'il désigne un méreau ou jeton de plomb.

Conrart, agent comptable desdits travaux , lequel la prélevait sur les trois cents livres tournois qu'il recevait chaque semaine de Pierre Horin.

On comprend maintenant le système. La caisse de la halle au blé était le pivot de la finance municipale. Elle se vidait et se remplissait tour à tour, car ce qui en sortait à divers titres lui revenait immédiatement par action réflexe et par suite de l'achat des grains (1).

Ce qu'il y a de plus curieux dans ces combinaisons, c'est le parti qu'on fut obligé de prendre par rapport aux ouvriers des fortifications.

Dans les premiers jours de janvier 1567 , il devint évident que la taxe spéciale affectée aux ouvrages (2) était insuffisante ; on prit alors la résolution de ne faire que les travaux indispensables, ainsi que l'indique le document suivant :

Conseil du 6 janvier 1567.

« Sur ce que les commis de la court Saint-Denis auroient
« mis pardevant lesdicts bourgeois assembléz certaine décla-
« ration par escript des ouvraiges que, par l'advis des supé-
« rintendans, se trouvoient bien requis estre fais en divers
« lieux et endroitz et où on polroit employer et mectre en
« euvre les povres gens, sy on le trouvoit ainsy bon.
« Iceulx, congnoissans et considérans les grans frais et
« cherges que ceste ville avoit à suporter, ont esté d'advis
« de seullement besoignier et ouvrer où il est le plus néces-
« saire et en ce que consiste en réparations et pionaiges,
« pour l'entreténement desdicts povres gens, faisant ouvrer
« au relargissement des fosséz de la poterne, estetter et

---

(1) Cela est de la dernière évidence. Si la ville avait pu renouveler ses achats de grains, le fonds de roulement aurait servi à ces achats successifs. Or ceux-ci devinrent impraticables par suite du blocus hermétique , et par conséquent le fonds de roulement reçut la destination consignée plus haut.

(2) Outre cette taxe spéciale, établie par commissaires, il paraît y avoir eu une collecte organisée dans chaque paroisse. (Voir ci-après l'interrogatoire de Pierre Conrart.)

« abattre les hayes et arbres, etc., etc., sans emprendre
« aultres ouvraiges de grans faix et mises ».

Mais ce palliatif est insuffisant, et le 15 janvier 1567
l'état de choses s'est déjà aggravé.

Délibération dudit jour.

« Sur ce que de la part des commis de la court Saint-
« Denis a esté remonstré comme le nombre des povres gens
« ouvrans *porte à IXc LX* et leur en vient encorres en bon
« nombre pour estre reçeus à ouvrer, mais ils n'ont moyen
« ny argent pour y furnir, de tant mesmes que plusieurs
« bourgeois se refroident en leurs dons et aulmosnes et les
« aulcuns ne voellent plus continuer ou n'ont le moyen,
« déclarant qu'il avoit plusieurs josnes filz et enfans ouvrans,
« ausquelz l'on donne et paie III (gros?) par jour, sur les-
« quelz on polroit prendre et retirer ung gros pour en entre-
« tenir aultres, sy on le trouveroit ainsy bon. »

Le Conseil constate son impuissance. « N'y a eu
« aulcune résolution sur ce prinse. »

Plus le temps marche, plus la situation empire. Le
24 janvier 1567, l'un des maîtres de la cour Saint-Denis
se présente devant le Magistrat. Il lui déclare que la
commission des travaux est débordée et qu'il faut prendre
de nouvelles mesures ; sinon, de sérieux désordres sont
à redouter. Le lendemain, 25 janvier, le Conseil est
assemblé et le Magistrat lui fait l'exposé suivant :

« A esté proposé comme le jour d'hyer, Pierre Conrart,
« l'ung des commis à la cour Saint-Denis, assisté de plui-
« sieurs principaulx bourgeois, seroit venu remonstrer com-
« ment bien IIIc personnes s'estoient trouvéz vers culz pour
« estre reçeuz en ouvraiges, déclarant qu'ilz avoient tout
« usé et esseillié leurs biens et n'avoient plus moyen de
« vivre sy par ouvrer on ne les entretenoit et leur donnoit à
« gaignaige, et que ce fut en dedens lundy prochain ; *sinon*
« *adviseroient comment ilz en feroient pour aller dehors ou*
« *aultrement.* »

On délibère et diverses opinions sont exprimées. Les

uns sont d'avis de consacrer à nourrir ces malheureux les orfévreries brisées le 24 août 1566 et qui sont toujours à la maison de ville ; d'autres, de puiser dans la caisse de la halle ; les derniers enfin, d'emprunter quelque argent au nom de la Ville. C'est à ce dernier parti qu'on s'arrête. Mais où et à qui emprunter ? Sans doute on reconnaît que le parti adopté est impraticable, car nous apprenons par les interrogatoires de Pierre Conrart qu'il recevait de Pierre Horin, sur la caisse de la halle, la somme de trois cents livres tournois par semaine (1).

(1) Voici les passages saillants et spéciaux à notre sujet des interrogatoires de Pierre Conrart, que je crois être l'aïeul ou du moins l'un des parents en ligne ascendante de l'académicien Conrart « au silence prudent », immortalisé par les rancunes de Boileau.

« Pierre Corrat, marchant, prisonnier, eaigé de trente-huyct ans, « amené pardevant Messieurs en la chambre de la prison et interro-« gué, confesse avoir esté présent aux ouvraiges de ceste ville par « le Conseil particulier et Magistrat avec Thomas Desprez au mois « d'aougst de l'an 1566, où il auroit continué jusques au jour de « son emprisonnement. »

(Ici des détails curieux sur ce conseil des fortifications. Il était composé de six personnes. Furent institués en août 1566 Conrart, Nicolas Rasoir, Bertrand Gruel, Jehan Fontaine, Marnier et Olivier Le Boucq. Jehan Fontaine (qui n'est pas le guidon des chevaucheurs mais un homonyme) et Nicolas Rasoir émigrent avant le siége et sont remplacés par Michel Herlin, le père, et François Voisin. Vu les circonstances, on nomme six nouveaux commissaires : Pierre Wicart, Nicolas Bassée, Jehan Le Vasseur, le père, Nicolas Gillet, Claude Martin et un maître maçon nommé Pennaville.)

« Dict que les deniers pour employer ausdicts ouvraiges passoient « par les mains de luy qui parle et de son compaignon (Thomas « Desprez).

« ...... Depuis, signamment durant la closture, le tout a esté « employé ausdictes fortiffications avec aultres deniers que ledict « Conseil ordonnoit à prendre sur les massars et, pardessus ce, « les deniers qui se levoient sur les bourgeois et s'employoient « ausdites fortiffications et passoient aussy par leurs mains comme « les aultres qui se collectoient par les commis de chascune paroi-« che. Et comme les susdits deniers ne povoient furnir ausdites « fortiffications, fust proposé au Conseil de la ville pour trouver « aultres deniers et y eult diversité d'advis » (ici une lacune où il était évidemment question de la délibération du 24 janvier 1567, et le manuscrit reprend ainsi) : « sepmaine, *trois cens livres tournois* « *sur les deniers procédans de la vente des grains appertenans* « *aux abbayes, que les commis à la recepte desdicts deniers leur* « *apportoient par sepmaine.*

« Interrogué à quelz fins se faisoient les fortiffications, *attendu* « *que les riches s'y emploioient aussy bien que les povres , non* « *seullement par contribution de deniers, mais aussy à paine de*

§ IV

CARACTÈRE DE MICHEL HERLIN, LE PÈRE

J'ai à redresser mon opinion, du moins sur un point où non seulement je me suis trompé, mais où j'ai eu le malheur d'induire en erreur M. Carlier. Celui-ci, en effet, sans tenter de dessiner un portrait, s'est contenté de tirer par antithèse de mes prémisses erronées une conséquence qui tombe d'elle-même.

J'ai dit dans la préface des *Maubruslez*, je crois, que Michel Herlin s'était, à l'exemple de Guillaume de Nassau, fait calviniste, le jour où il avait cru que cela était nécessaire pour résister à l'Espagne.

Cette assertion doit être abandonnée.

En effet, Michel Herlin était calviniste depuis bien plus longtemps que je ne le croyais et, s'il fallait le comparer à quelqu'un, ce serait plutôt au prince de Condé qu'au

« *leur corps ?* dict qu'il ne sçauroit juger de leur intention ». (Ceci rentrerait assez dans l'hypothèse avancée par M. Louïse, que la révolte aurait eu un caractère de généralité.)

« Interrogué, dict qu'il y avoit aulcuns commis (pour recepvoir
« les) bléz qui se amenoient en ceste ville, députéz (par le) conseil
« d'icelle ville, lesquelz avoient les (clefz des) lieulx où estoient
« lesdicts bledz, et le soing de (faire battre) lesdicts grains et les
« faire porter és halles de la ville, (où se) distribuoient aux povres
« gens par pblommet, mais ne sçait que furent commis à la dicte
« garde ne aussy à ladicte distribution, autrement que, en chascun
« ruaige, il y avoit certains personnaiges qui advisoient le Magistrat
« de la nécessité et cherge des povres gens estans en leurs rues,
« mais entend que ladicte distribution se faisoit en payant aux
« mesureurs qui en avoient la charge, lesquelz délivroyent l'argent
« à Pierre Horin, commis ad ce, comme il a entendu, ayant de luy
seul reçeu argent pour les ouvraiges, etc. ».

prince d'Orange, car je suis certain que l'influence de Marie Leboucq, sa femme, fut pour beaucoup dans ce changement de religion (1).

Dès 1545, on trouve Michel Herlin compromis à la suite des prédications de Pierre Brully. Sans doute il n'est désigné par les commissaires que latéralement et à propos de l'instruction suivie contre un de ses parents, avocat à Arras. Toutefois il n'y a pas de fumée sans feu et il est probable qu'on avait trouvé dans les papiers de l'avocat quelques indices contre notre Michel.

Mais il y a bien autre chose. Il est avéré que les trois fils de Michel, à savoir Michel (le jeune), Philippe et Jacques firent leurs études à Genève (2). Or, en 1566, le fils aîné, établi comme marchand, marié à une femme originaire de Lille, devait avoir une trentaine d'années. Supposons qu'il ait été envoyé à Genève à 16 ou 17 ans, cette éducation calviniste remonterait donc à l'année 1553 ou 1554. On voit par là qu'il était tout aussi inexact de dire, comme je l'ai fait, que l'abjuration de Michel avait eu un motif politique, que d'avancer, comme M. Carlier, qu'il s'était fait calviniste, le jour où cette secte lui avait paru être la plus forte. Suivant toute vraisemblance, les choses se passèrent autrement et Michel Herlin dut sans doute, pour excuser le séjour de ses fils à Genève, déclarer qu'il les y envoyait pour y faire leur éducation commerciale. On voit en effet que les marchands valenciennois, penchant vers la réforme, prenaient ce détour, et c'est ce à quoi il est obvié par les placards spéciaux à Valenciennes, à partir de 1561.

(1) C'est ce que Pontus-Payen dit à plusieurs reprises : Marie Leboucq était, dit-il « la plus opiniastre et séditieuse huguenote qui « fût au Pays-Bas », et ailleurs il dit « qu'Herlin se laissoit gou- « verner de Marie Leboucq, sa femme ».

(2) Philippe et Jacques sont inscrits sur le livre du recteur ou catalogue des étudiants de l'Académie de Genève de 1559 à 1569 (Louïse, *Conseil de Sang*, 27).

L'assertion qui m'a échappé, non dans un livre
sérieux, il est vrai, mais dans une étude d'imagination
et même de fantaisie et d'humorisme, est insoutenable
pour une autre raison. On comprend parfaitement qu'un
chef d'état ou le chef d'un grand parti change de religion
par politique. Ainsi cela peut être dit de Henri IV, de
Guillaume de Nassau, de Henri VIII d'Angleterre, des
princes luthériens d'Allemagne. Mais qu'est-ce que pouvait faire l'abjuration de Michel Herlin, même pour
Valenciennes ?

J'ajouterai, pour en finir sur ce point, que les documents que je viens de consulter, présentent Michel
Herlin comme plus calviniste que je ne le pensais. Ainsi,
en ne voyant jamais Michel assister aux grands prêches
de juillet et août 1566, auxquels sa femme, ses fils et ses
domestiques se montraient si assidus, je m'étais figuré
qu'il n'était qu'un religionnaire assez tiède et que ses
convictions, comme celles de beaucoup de confédérés,
étaient plutôt politiques que religieuses. Je vois aujour-
d'hui qu'il en faut rabattre.

La délibération du 26 août 1566, relatée à la page 404
du tome V des *Mémoires,* ne comprend pas Michel
Herlin parmi ces sectaires qui vont sommer le Magistrat
de faire briser en menus morceaux les reliquaires de
Notre-Dame de la Cauchie ; du reste cette pièce ne
nomme personne. Mais le besogné des commissaires
royaux est plus minutieux et nomme ces bourgeois. Ce
sont Nicolas Machon, Antoine Morrenart, Philippe Muchet, François Voisin, Vincent Resteau et *Michel Herlin,*
« *l'aisné* ». J'avouerai même que j'incline à attribuer à
François Voisin et à Michel Herlin, deux chefs militaires
habitués à commander, cette menace adressée au Magistrat et au Conseil: « Que s'ils ne cèdent pas, ils y seront
« contraints par sept cents ou huit cents hommes ».
Ce propos indiquerait chez Michel une exaltation sur
laquelle je ne comptais pas, et c'est ainsi que de nou-

velles découvertes amènent sans cesse les historiens
à modifier leurs points de vue (1).

Quant à son absence des prédications, elle ne me paraît
plus aussi certaine, car Jehan Crespin dit qu'il y fut au
contraire fort assidu. D'ailleurs, elle pourrait s'expliquer
facilement. Chaque jour de prêche, les compagnies bourgeoises étaient convoquées, par ordre exprès de la
gouvernante, pour garder la maison échevinale et surtout
les portes de la ville. On craignait en effet que des
Français ne se mêlassent aux auditeurs de Guy ou de
Pérégrin et ne tentassent, au retour, un coup de main sur
la ville. Dès lors, Michel Herlin, le père, devait rester
avec sa compagnie.

Je crois avoir dit l'essentiel. Tenterai-je maintenant
de faire le portrait en pied de Michel Herlin? Ce serait,
je crois, se montrer bien ambitieux. Comment, après
plus de trois cents ans, restaurer la figure d'un homme
qui n'a pas laissé après lui une ligne d'écriture ! Nécessairement cette « composition » serait conjecturale, et la
part de l'imagination y serait grande. Essayons néanmoins de rassembler quelques traits épars, qui peut-être
serviront plus tard à des historiens mieux informés
par suite de nouvelles découvertes. Au surplus, je ne
m'écarterai pas sensiblement des travaux de mes devan-
ciers.

Je m'imagine d'abord que Michel Herlin devait être
légèrement « glorieux ». Cette expression de « bourgeois
« magnifique », due à Arthur Dinaux, est heureuse. Elle
ne veut pas dire seulement que sa grande fortune permettait à Herlin de déployer à l'occasion de la magnifi-
cence. Elle signifie aussi qu'il était porté « *ad pompam*

(1) Une autre coïncidence qui ne peut être négligée, c'est que
Herlin fit justement partie des deux lois ou magistratures, qui
furent suspectées au point de vue religieux, à savoir : la loy de
1562-1563, ayant de Lattre le père, pour prévôt, et celle de 1566-1567.

« *et ostentationem* ». Pontus-Payen (1) nous parle de ces riches bourgeois qui suivirent les gentilshommes confédérés, moins par conviction que pour paraître se confondre avec une caste privilégiée dont ils enviaient les titres. Ces bourgeois n'étaient pas seulement *magnifiques ;* ils se rapprochaient du type du bourgeois « gentilhomme » depuis immortalisé par Molière. Cette faiblesse est de tous les temps. On est riche ; cela ne suffit pas, on veut être noble.

Celui qui pourrait dire avec assurance pourquoi Michel Herlin, qui eut la faculté de se retirer dans sa famille à Arras, qui en fut même sollicité au dire de Pontus-Payen, resta à Valenciennes jusqu'au moment où il fut arrêté pour être envoyé à l'échafaud, celui-là, dis-je, pourrait tracer un portrait avec sécurité. Mais tout caractère humain est complexe, et j'entrevois pour mon compte bien des mobiles en face desquels j'hésite.

M. Carlier reproduit l'opinion de Pontus-Payen, à savoir qu'Herlin se tenait pour assuré du succès de sa cause, d'où sa réponse à ses parents qu'ils feraient mieux de venir le rejoindre à Valenciennes que de l'engager à les suivre à Arras. — Cela est possible, mais seulement dans une certaine mesure. Herlin pouvait croire au succès le 5 avril 1566, jour de la présentation de la première requête ; le 30 juillet suivant, jour de la présentation de la seconde requête, dite de Saint-Trond ; il pouvait même persévérer dans cette opinion après le bris des images, lorsque tout paraissait s'abîmer dans le chaos ; mais, malgré les propos attribués au comte de Hornes et au seigneur d'Audre-

(1) Pontus Payen serait assez disposé à dépeindre Michel Herlin comme un « naïf ». Tantôt il le montre comme « esblouy par la « faveur populaire » et comme « ignorant en matière d'Estat ». A un autre endroit, il nous dit que notre « magnifique » était « libéral de ses biens » et « bon simple homme », c'est-à-dire de ces hommes qui se laissent mener par la gloriole... et par leurs femmes.

gnies, propos dont rien ne garantit l'authenticité, il lui était difficile de s'obstiner dans son optimisme à la fin de novembre 1566, alors que le blocus commença, et surtout cet optimisme serait devenu insensé après les défaites de Lannoy et de Wattrelos, qui enlevaient à Valenciennes l'espoir d'un prochain secours. Cependant, en ce moment même, le blocus n'était pas tellement étroit que Herlin ne pût quitter la ville. On est dès lors amené à supposer que cette obstination a dû avoir d'autres motifs, tels que l'attachement à sa ville natale, le point d'honneur militaire. Herlin a sans doute considéré comme une lâcheté d'abandonner à leur sort les soldats bourgeois qu'il commandait depuis quelque temps déjà, et qu'il connaissait pour la plupart depuis longues années.

Ce point de vue ne peut être négligé, quand on voit combien cet optimisme aurait été peu partagé par les compagnons les plus intimes de Michel. Etait-il un optimiste, ce Simon Logier, comme lui capitaine de compagnie et calviniste, qui, jugeant la partie perdue, s'esquiva dans les circonstances que nous avons retracées ? Etait-il un optimiste, ce Roland Leboucq, qui, dans son interrogatoire, déclare qu'il n'a jamais compté sur une diversion extérieure « mais luy qui parle, ayant hanté les Alle- « maignes et veu le monde, ne eut oncques espoir d'ung « secours, s'attendant que l'attente d'un secours yroit en « fumée et que les gens se entretenoyent d'ung espoir « vain (1) ».

(1) M. Carlier devait bien montrer un peu d'indulgence pour Roland Leboucq, car tous les documents s'accordent pour le dépeindre comme un chrétien fervent, secourant les malades, visitant les pauvres. Le caractère exclusivement évangélique de la nouvelle religion a pu le séduire, et sans doute il a dû ambitionner une de ces places de diacre qui le mettaient en contact journalier avec les misérables et les souffrants. Une phrase de son interrogatoire jette une vive lumière sur ce côté de son caractère. Il dit qu'il ne s'est jamais occupé que de ses fonctions consistoriales, « *qui ne se consistoyent en aultre chose sinon de remonstrer aux*

Consultez d'ailleurs les interrogatoires des principaux bourgeois calvinistes. Vous y verrez qu'ils n'étaient nullement rassurés (1). A chaque instant ils se rendaient chez Guy de Bray et chez Lagrange et leur demandaient à voir les lettres par lesquelles Orange, Hornes, Brederode, Louis de Nassau, se seraient obligés à les secourir. Or, ces lettres, les ministres ne les montraient point par la raison fort simple qu'elles n'existaient pas (2). Tout au

« *mal vivans leurs faultes,* disant s'estre acquitté de remonstrer « au menu peuple les inconvéniens où ilz pourroyent tumber... ad « cause qu'ilz ne vouloient recepvoir gendarmerie ». Roland resta certainement pur de tout excès.

(1) On n'en peut pas dire autant du populaire d'ailleurs fanatisé par Pérégrin. Dans ses plaisanteries rapportées par d'Oultreman et par Pontus-Payen, je reconnais la bonne grosse gaieté valenciennoise, légèrement portée à l'inoffensive hâblerie. Ainsi le peuple dit que Philippe II ne viendra pas dans les Pays-Bas, parce qu'il est occupé à bercer sa fillette (l'infante Claire-Isabelle-Eugénie qui fut gouvernante des Pays-Bas). Il avait donné le nom des « sept « dormans » (à cause de la longueur du blocus) aux sept chefs principaux de l'armée assiégeante (Noircarmes, — Maximilien de Hénin, comte de Boussu,—Gaspard de Robles, seigneur de Billy,— Jacques de la Cressonnière, gouverneur de Gravelines et maître de l'artillerie, — Antoine de Goignies, seigneur de Vendegies-au-Bois, capitaine du Quesnoy,—Charles de Largilla, capitaine de Landrecies, et le seigneur de Brias, capitaine de Philippeville). — Enfin le passage suivant de Pontus-Payen est caractéristique dans le même sens : « Les bourgeois de Valenciennes avoient fiché sur leurs rem- « parts du côté de Douay, de fort longues piques, et au bout « d'icelles de fort grandes lunettes aiantes un pied en diamètre « pour le moins, et quand on leur demandoit à quoy elles servoient, « respondoient *joyeusement* que c'estoit pour descouvrir l'artillerie « que les papistes d'Arras devoient envoyer de bref pour battre « la ville de Valenchiennes ». — S'ils avaient eu des espions à Arras, les Valenciennois auraient été moins *joyeux,* car une partie de l'artillerie, qui devait battre leurs murailles, passa l'hiver sur le marché de ladite ville.

(2) Pontus-Payen dit qu'il a *vu* des lettres du comte de Hornes et du prince d'Orange, adressées aux Valenciennois *et pleines de courtoisie et d'offres amiables.* On connaît la valeur de ces formules polies et de là à une promesse de secours il y a un abîme. Orange ne fit jamais transmettre aux Valenciennois que deux conseils : demander l'intervention des chevaliers de l'Ordre, membres du Conseil d'Etat, et, plus tard, la médiation du comte d'Egmont et du duc d'Arschot, qui appartenaient à cette catégorie. Je révoque formellement en doute que jamais Orange ait écrit à Valenciennes. Je possède en effet l'enquête faite après la prise de la ville et tous ceux qui viennent témoigner disent simplement qu'ils ont *entendu dire* qu'on pouvait compter sur Orange, Egmont, Hornes, etc.

plus, purent-ils, à la fin de janvier 1567, exhiber la lettre écrite d'Anvers le 24 janvier, par laquelle les deux émissaires valenciennois, Jacques Gellée et Antoine Morrenart, alléguaient que la question de secours allait être résolue et qu'avant peu ils auraient à donner de bonnes nouvelles.

Il reste à examiner deux points de vue qu'on peut résumer ainsi : 1° Herlin a cru qu'il était couvert par le Magistrat ; 2° la révolte de Valenciennes a eu un côté municipaliste, auquel n'a point dû rester insensible un homme si attaché à sa ville natale.

Jehan Crespin dit formellement qu'Herlin, après la prise de la ville (dimanche 23 mars 1567), ne voulut pas fuir comme son fils, disant qu'il n'avait fait que suivre les ordres du Magistrat. En effet, quelque équivoque a pu exister à cet égard. Nous avons vu plus haut le Magistrat réclamer l'aide des trois compagnies les 23 et 24 novembre 1566, nonobstant le « cassement » du 20 et déclarer qu'elles ont évité à la ville les plus graves désordres. Plus tard encore, Noircarmes admet le fonctionnement de ces compagnies. Dans le même ordre d'idées, nous rappelons tous ces passages du besogné des commissaires (pièce assurément non suspecte), qui nous représentent le Magistrat comme insistant auprès des bourgeois afin qu'ils paient les taxes de rébellion, ou bien auprès des capitaines de milice, pour qu'ils acceptent leurs grades. Pour beaucoup de gens, l'illusion était d'autant plus plausible que le Magistrat restait à la tête du conseil extraordinaire, car ces mots qui ouvrent les délibérations : « A esté remonstré », etc., signifient « *a esté remonstré par le Magistrat* » qui était en permanence et recevait les réclamations pour les transmettre au Conseil. Enfin, dans les pièces de l'enquête qui eut lieu après le siége, je vois quantité de gens exerçant des fonctions municipales venir dire qu'ils en avaient été investis lors du renouvellement de la loy en mai 1566, et qu'ils n'ont fait que continuer à les exercer sur l'injonction du Magistrat (1).

A la vérité, celui-ci jouait un double jeu, pour sauver la vie de ses membres. D'un côté, il restait à la tête du Conseil extraordinaire, multipliant d'ailleurs les exhortations à la modération, à l'obéissance ; de l'autre, il ne cessait, dans ses lettres à François d'Oultreman, qui résidait à Condé auprès de Noircarmes, de s'excuser, de solliciter des sauf-conduits qu'il obtint, mais dont il ne put user, parce que le guet des portes l'aurait empêché de sortir. Nous savons tout cela, mais les contemporains ne le savaient pas. M. Gachard, M. E. Quinet et autres ont insisté sur ce point que, par l'exhumation de tous les documents inédits faite depuis trente ans, nous connaissons souvent mieux leurs affaires que ne l'ont fait les hommes du xvie siècle.

Il est même probable que cet argument tiré de la responsabilité du Magistrat (2) fut pour quelque chose dans l'hésitation que montrèrent les conseillers royaux à condamner nombre de gens qui n'avaient pas participé au sac des églises, mais qui avaient trempé plus ou moins volontairement dans la rébellion. Je ne comprenais pas pourquoi, alors que les Herlin, les ministres et Jehan Mahieu avaient été exécutés dès le 31 mai 1567, nombre de bourgeois n'avaient reçu la mort qu'en janvier 1569. Le dernier paragraphe du « besogné » des commissaires explique tout cela et nous croyons rendre un réel service à l'histoire de Valenciennes en le transcrivant ici :

« Ce faict, comme la reste des prisonniers et pareillement
« les fugitifz, contumacéz et aultres se trouvoyent chargéz

—————

(1) C'est ce que dit Conrart dans sa déposition ci-dessus citée.

(2) Cette responsabilité ne fut pas complétement illusoire, car, après la prise de la ville, Pierre Rasoir et les échevins restés à Valenciennes furent déposés et reçurent ordre de « garder la ville « pour prison ». Et cependant Noircarmes savait à quoi s'en tenir sur la part qu'ils avaient réellement prise à la rébellion.

« de divers délictz importans les ungz plus grande peine que
« les aultres, lesdicts commissaires renvoyèrent ledict de
« Bruines (le procureur général du Conseil de Flandre) vers
« Son Altèze (la duchesse de Parme) pour sçavoir de quelle
« correction l'on debvoit punir chascun délict, et, après
« avoir débattu la matière au Conseil privé et depuis au
« Conseil d'Estat, *le tout fust renvoyé vers Sa Majesté en*
« *Espaigne pour avoir l'ordonnance d'icelle.* Ad raison de
« quoy, lesdicts commissaires ne ont procédé plus avant au
« faict desdicts prisonniers et aultres fugitifz, joinct que Son
« Excellence (le duc d'Albe) leur auroit depuis interdict de
« procéder au deffinitif d'iceulx et enjoinct qu'ilz euissent à
« faire recùeuil de leur besoigné et l'envoyer à Son Excellence
« par l'ung de leur collége. A quoy est furny et satisfaict
« par ces présentes (1) ».

L'intervention directe de Philippe II et du duc d'Albe
explique pourquoi Valenciennes fut épouvanté par le
spectacle de tant de supplices. Vraisemblablement, si les
commissaires eussent été libres, la répression aurait été
moins rigoureuse et ne resterait pas, même après trois
siècles, l'objet d'une légitime réprobation.

Enfin il est incontestable que la révolte de Valenciennes
eut un côté municipaliste, qui n'est point toutefois le principal, le fanatisme religieux y tenant le premier rang.

Quel fut le signe manifeste de la rébellion ? le refus de
recevoir garnison.

D'où vint ce refus ?

1° Des calvinistes qui prétendaient, non sans raison,
que cette garnison ne leur était donnée que pour les
empêcher de pratiquer leur religion.

2° De nombreux catholiques qui voulaient éviter le
retour des exactions, des pillages, des viols, qui avaient
signalé le passage de la précédente garnison. Cette répugnance n'était pas sans motif. Si, au xvie siècle, les
ravages des gens de guerre sont considérables partout

---

(1) Ce besogné n'est pas daté, mais il doit être des derniers jours
de 1567, car il n'y est parlé que de l'exécution du 31 mai 1567.

et en tout pays, nulle part ils ne sont aussi atroces que de la part des troupes espagnoles. La *furie espagnole* d'Anvers est là pour le prouver. A la fin de novembre 1566, les piétons de la Hamaïde, entrant à Saint-Amand, ne se contentèrent pas de poursuivre les habitants à coups d'arquebuse, de chercher partout le ministre Jehan Catteu pour le pendre. Ils allèrent jusqu'à dépouiller de leurs vêtements des femmes et des filles qu'ils exposèrent toutes nues sur le marché et qu'ils se vendirent entre eux « au son du tambourin ». La perspective de pareils traitements entraîna dans la résistance beaucoup de catholiques valenciennois. Il est certain que parmi les suppliciés il y eut beaucoup de gens appartenant à l'ancienne religion (1) et cela suffit pour donner à la rébellion un certain caractère municipaliste.

Je ne rappellerai pas les derniers moments d'Herlin, sa suprême entrevue avec sa femme, sa tentative de suicide, son courage et son sang-froid sur le hourt. Tout cela est connu. Combien ces hommes étaient vigoureusement trempés ! Voilà le plus riche citoyen de Valenciennes sur l'échafaud. Il a perdu tous ses biens dont il était peut-être trop fier, il est encore tout mouillé des larmes de sa femme, son fils aîné va mourir avec lui, ses autres fils sont en fuite. Affaibli par la perte du sang, il est assis sur une chaise sans dossier et tend le cou au glaive du bourreau. Et c'est en un pareil moment qu'il jette à la face du greffier son mot : « Vélà la sauce ! » (en parlant de la confiscation de biens ajoutée à la peine principale). Une telle attitude devant la mort doit préserver la mémoire d'Herlin contre des sévérités outrées !

(1) Voir dans Jehan Doudelet (publication de M. Robaulx de Soumoy) les noms de tous ces gens qui meurent catholiques et réclament terre sainte. Jehan de Hollande lui-même, dont il a été déjà tant parlé, mourut catholique, et son corps fut porté aux Carmes de la rue de Lille « avec flambaux ».

CHAPITRE TROISIÈME

Je n'ai rien à dire du chapitre XVII du livre de M. Carlier (le siége), sinon que c'est une esquisse intéressante. Mais ce n'est pas là l'histoire définitive du siége. On ne se doute pas de la quantité de détails qui sont encore à cette heure enfouis dans la poussière des archives. Cette histoire ne pourra être entreprise que lorsque j'aurai trouvé le moyen de publier encore deux ou trois volumes de documents.

Si donc j'ajoute quelques lignes à cette étude, ce n'est pas pour donner des indications nouvelles ; c'est bien plutôt pour indiquer mes *desiderata*, pour signaler les points sur lesquels je désirerais voir M. Carlier et ses émules jeter enfin quelque clarté.

Je vois par exemple à la page 208 qu'Egmont avait approuvé le plan de la Cressonnière. Ce n'est pas assez dire ; il faut ajouter qu'Egmont descendit dans le fossé pour reconnaître la place de la brèche. Pontus-Payen l'avait déjà dit. Strada prétend même qu'Egmont fit deux explorations, l'une seul, l'autre en compagnie de la Cressonnière. Enfin un passage du procès du comte lève tous les doutes. Le voici :

« Et à ceste fin il alla en personne recognoistre le fossé
« et par où l'on pourroit battre et entrer en la ville, selon
« qu'il est notoire à Madame de Parme, à Monsr de Noir-
« carmes, etc., tellement que, suyvant son rapport, ladicte
« ville fut assaillye et prinse ».

Un autre point, qu'il faudrait aussi résoudre, est celui-
ci : au moment de la reddition, la brêche était-elle praticable ? Les versions sont contradictoires.

D'Oultreman s'exprime ainsi :

« L'artillerie offensa principalement le boulevard et la porte
« Montoise. Une autre tour, appelée de Saint-Nicolas, en fut
« aussi fort deschirée à cause que les assiégéz y avoient
« monté quelques pièces d'artillerie, etc. La ville fut canon-
« née trente heures continuelles et sans relâche. On y tira
« 3,000 coups de canon, dit Strada, *ce qui fit tomber un grand*
« *pan de muraille* ».

Ce passage n'est pas décisif. Un pan de muraille peut
tomber dans le fossé, sans que la brêche soit praticable.

Strada est en effet plus affirmatif. Ainsi il dit qu'en
moins de quatre heures la meilleure fortification fut ruinée,
et il ajoute « que le canon avoit fait de si grandes brêches
« que le fossé rempli des ruines présentoit déjà au soldat
« un passage ouvert jusque dans la ville ».

Mais Pontus-Payen est d'un avis complétement contraire et il pourrait fort bien se faire qu'il ait vu la brêche,
car d'Arras à Valenciennes il n'y a pas loin. Suivant lui,
l'artillerie espagnole aurait seulement « rompu le devant
« d'une tour et gasté le parement de la muraille ».

« Je suis esmerveillié, dit-il, qu'aucuns historiens de nostre
« temps ont escript que la bresche estoit si grande et spa-
« tieuse que les souldarts pouvoient par icelle monter aisé-
« ment par la ville, *car elle n'estoit non plus assaillable qu'au-*
« *paravant la batterie*, et si les Valenciennois eussent tenu
« bonne mine ung jour ou deulx, eussent obtenu pour le
« moins aussi advantageuses conditions que celles que Mon-
« seigneur d'Egmont leur avoit présenté de la part de Ma-
« dame. »

Il y a certainement moyen de savoir de quel côté est la vérité. Tous les détails relatifs au siége, le plan de la batterie, celui de la brêche même se trouvent aux archives de Simancas. Si jamais quelque Valenciennois dirige ses pas de ce côté, il rendra un grand service à l'histoire de sa ville natale en copiant les documents relatifs au siége.

Beaucoup d'historiens ont rapporté qu'une des causes de la prompte reddition de la ville, ç'avait été le découragement succédant à la croyance enracinée chez les assiégés que, d'après les ordres du roi, le canon ne serait pas tiré contre leur ville. Cette version serait conforme au passage où Pontus - Payen nous montre les volées de l'artillerie espagnole abattant les cheminées et les tours et remplissant les rues de décombres et de bruits sinistres. Je soupçonne qu'il y a une part de vérité, peut-être considérable, dans cette tradition, car il y eut au sujet du siége de Valenciennes des tiraillements entre Philippe II, toujours indécis, et sa sœur plus résolue. Strada, qui avait sous les yeux les documents de la bibliothèque Farnésine, nous a laissé l'analyse de plusieurs dépêches dont les originaux reposent, à l'heure qu'il est, dans les archives espagnoles ci-dessus citées (1). Une lettre du roi, sans doute la première, est du 26 janvier 1567 :

« Bien qu'il ne désapprouvast pas ce siége, dit Strada, *il*
« *tesmoigna toutesfois qu'il eust été bien aise qu'on ne l'eust*
« *pas commencé*, mais, puisqu'on en étoit venu jusque là, il
« importoit à sa gloire et à sa réputation de continuer ; que
« néantmoins il estoit de sa clémence et de l'amour qu'il
« avoit pour ses sujets *de ne point battre la ville avec le canon*
« *et de ne la point prendre de force ny par assault*, de peur
« que la fureur des soldats animéz au carnage n'ensevelît
« sous les mêmes ruines les innocens et les coupables..... ;
« que s'y l'on ne pouvoit vaincre l'obstination des rebelles
« que par la force et les armes, il ne vouloit point qu'on

____

(1) M. Gachard les y a vues. Voir *Correspondance de Philippe II*, tome I, p. 504, note.

« donnast l'assault sans sçavoir auparavant sa volonté et
« qu'il n'eust fait venir deux régimens d'Allemagne ».

La duchesse répond à son frère qu'elle est d'un avis
contraire. Tout retard ne peut que favoriser les diver-
sions des Gueux ou des Français.

Philippe prend son parti mais avec toutes sortes de
réserves et de tergiversations :

« Il seroit d'avis que l'on *différast* encore et que l'on con-
« tinuast d'attaquer cette ville *par la craincte plustost que*
« *par la force.* Peut-être elle se rendroit quand elle se verroit
« abattue par les travaux et les fatigues d'un siége. Que, s'il
« y avoit apparence qu'on n'en pût venir à bout autrement
« que par les armes, il falloit tenir cet ordre au siége de la
« ville : premièrement que l'on se contentast de faire les
« tranchées *et de mettre les canons en batterie, comme pour*
« *menacer les assiégés de ruiner la ville,* que cependant on
« leur laissast le temps de se repentir et de se recon-
« noitre, etc. »

Ces tiraillements furent probablement divulgués par
des membres du Conseil d'Etat, devant lesquels on lut
les lettres du roi. Peut-être même Arschot et Egmont
parlèrent-ils de celles-ci au cours de leur mission, pour
montrer aux Valenciennois la répugnance que l'on éprou-
vait à les soumettre par la force. Seulement, comme le
peuple ne tient pas compte des nuances et accepte volon-
tiers ce qui est conforme à ses passions ou à ses intérêts,
le populaire valenciennois s'arrêta à cette idée que Philippe II s'opposait à la mise en action de l'artillerie. Ainsi
s'expliqueraient l'effet moral produit dès les premières
volées de projectiles et la prostration qui a frappé tous
les historiens. Mais c'est là encore une question à
élucider.

Enfin, ce qu'il y aurait de plus intéressant à faire, ce
serait de déterminer l'emplacement de la batterie de
siége. M. Carlier dit qu'elle fut établie « un peu en arrière
« de la chapelle des Ladres, sur un point élevé de la

« chaussée de Saint - Saulve ». Assurément la batterie n'était pas loin de là : je ne crois pas cependant que la détermination soit exacte.

D'Oultreman seul, du moins à ma connaissance, a montré quelque précision à cet égard : « La batterie fut « assise, dit-il, près la porte Montoise, sur un tertre « *qui estoit en une ruelle derrière la maison des La-* « *dres* (1) ». La chaussée de Saint-Saulve se trouve donc dès l'abord complétement écartée et je n'y reviendrai plus.

Restait à fixer l'emplacement de la chapelle Saint-Michel-Archange ou des Ladres, et je crois pouvoir dire que la chose n'était pas facile, car la question n'aurait pu être tranchée au moyen d'aucun des plans se trouvant soit aux archives, soit à la bibliothèque communale de Valenciennes. Il en est de même du plan, pourtant très-minutieux, contenu dans l'ouvrage de Louis Guichardin. Heureusement j'ai trouvé à la bibliothèque de Bourgogne de Bruxelles, un très-beau plan de Valenciennes et de ses abords dressé en 1550 par l'ingénieur Jacques de Deventer. Cela me permet de risquer une interprétation nouvelle.

Les abords de la porte de Mons ont été tellement modifiés depuis trois siècles, notamment par la démolition du faubourg existant de ce côté et par les fortifications de Vauban, qu'il est bon d'indiquer quelle était, au milieu du XVIe siècle, la configuration des lieux.

Après la porte Poterne et à égale distance entre cette porte et celle de Mons, s'élevait une tour en pierres blanches que l'on distingue parfaitement sur le plan. C'est sans doute celle à laquelle avait été autrefois appli-

____

(1) Et il ajoute : Vis-à-vis d'un boulevard qu'on avait peu auparavant commencé, mais, comme on ne sait pas au juste où était ce boulevard, j'élimine ce détail qui ne servirait qu'à compliquer la discussion.

qué le quatrain rapporté par d'Oultreman (1). Elle fut ruinée par le feu de l'artillerie espagnole.

Venait ensuite la porte Montoise avec son pont-levis sur le fossé, et deux avancées surmontées d'échauguettes.

Se présentait ensuite la tour Saint-Nicolas, entre la porte Montoise et la porte Kardon. Son nom seul indique qu'elle était placée à la hauteur de l'église Saint-Nicolas, qui partageait en biais la grande place Verte actuelle, son portail étant tourné vers la ville. — D'après le plan de Jacques de Deventer, cette tour s'élevait dans l'axe de la rue des Chartreux.

Le plan, si heureusement retrouvé, va m'aider également à déterminer l'emplacement de la chapelle des Ladres, ce qu'il serait impossible de faire d'après d'Oultreman ou d'après l'*Histoire ecclésiastique* de Simon Leboucq.

Tous les Valenciennois savent qu'à la sortie des avancées de la porte de Mons, la grand'route conduisant en Belgique et la vieille route de Saint-Saulve forment un angle très-aigu. C'est dans cet angle, et à un endroit fort rapproché de l'avancée qu'était érigée la chapelle Saint-Michel, la façade tournée vers la vieille route. Elle était placée dans un îlot qui obstruait l'amorce de la grand'-route actuelle de Mons, laquelle ne commençait alors qu'un peu au-delà et était mise en communication avec la vieille chaussée au moyen d'un chemin fort court placé au-delà de la chapelle et se reliant avec la grand'route en faisant un angle obtus. L'îlot (l'expression que j'ai choisie l'indique assez) était délimité de tous côtés par des chemins ou ruelles(2).

(1)
    Quand chacun sera satisfaict
    Et la justice régnera,
    Le boulevard sera parfaict
    Et la Muette parlera.

(2) J'ai tâché d'être clair, mais rien ne remplace la vue du plan.

C'est dans une de ces ruelles ou chemins de campagne placés derrière la chapelle (et par conséquent dans la direction de ce qu'on appelle aujourd'hui la plaine de Mons) que fut assise la batterie de siége. Deux choses semblent le prouver.

D'abord la position que j'indique est centrale et permet de battre tout à la fois la première tour, la porte Montoise et la tour Saint-Nicolas. Plus au contraire on recule la batterie vers la vieille chaussée, plus on l'éloigne de la tour Saint-Nicolas.

En second lieu, — et ceci me paraît considérable, — Pontus-Payen dit que Noircarmes fit tirer avec douze canons « contre la muraille joindant la porte de Mons, « *qu'il avoit à sa main droite* ». Evidemment il s'agit de la main droite de l'assiégeant qui, pour avoir la porte à droite, devait lui-même avoir établi la batterie à gauche (en regardant la ville), c'est-à-dire à ce point central d'où elle pouvait battre tout à la fois la porte et les deux tours.

En troisième lieu, Meteren dit que la batterie fut assise entre la porte de *Berges* et la porte Kardon. Cette porte de *Berges* ne peut être que la porte Montoise, et en tout cas, on voit que les canons étaient placés dans l'espace compris entre deux portes, dont l'une était la porte Kardon.

J'ajouterai que cette hypothèse est confirmée par des papiers qu'a bien voulu me confier notre savant et obligeant concitoyen, M. Louis Boca, archiviste du département de la Somme. Dans ces notes que je n'ai plus sous

Je préviens donc les personnes qui portent quelque intérêt à l'histoire locale, que je joindrai la partie de ce plan représentant la porte Montoise et ses abords à l'exemplaire du présent Mémoire offert à la bibliothèque communale de Valenciennes. Elles pourront l'y aller consulter, si elles le jugent convenable.

Ce calque a été pris pour moi par M. Charles Ruelens, conservateur de la bibliothèque de Bourgogne (section des manuscrits de la bibliothèque royale de Bruxelles).

les yeux, l'auteur du renseignement (un officier du génie en garnison à Valenciennes vers 1780) dit que la batterie de siége était placée entre la porte Montoise et la Rhonelle. Cela me paraît bien vague et en tout cas cette batterie devait être assise bien plus près de la porte Montoise que de la rivière. Toutefois cette indication, dont j'ignore la source, tend à prouver que la batterie n'était pas placée sur la chaussée de Saint-Saulve, mais assez notablement à gauche (en regardant la ville).

Je ne crois pas du reste avoir tranché la question. J'espère seulement avoir introduit un élément nouveau dans la discussion. Il serait à désirer que ce point fût repris et résolu par M. Carlier qui, je crois, joint à sa connaissance de l'histoire locale celle des détails se rapportant à l'artillerie et à la balistique.

ERRATUM

—

Quelques additions ou rectifications sont à faire au sujet de Charlotte de Bourbon-Montpensier (voir pages 68 à 70).

Charlotte est la quatrième fille, et non pas la deuxième, de Louis II de Bourbon, duc de Montpensier, et de Jacqueline de Longwy.

L'aînée est Françoise, mariée le 7 février 1558 à Henri-Robert de la Marck, prince de Sedan, duc de Bouillon.

La deuxième est Anne, mariée le 6 septembre 1561 à François II de Clèves, duc de Nevers.

La troisième est Jeanne, abbesse de Sainte-Croix de Poitiers.

La quatrième est Charlotte.

Les auteurs ne sont pas d'accord sur la date de son mariage avec Guillaume de Nassau. J'ai donné, à la page 69, la date du 12 juin 1575. Moréri et autres donnent la date du 12 juin 1574. Du reste, la chose est indifférente, car Anne de Saxe ne mourut que le 18 décembre 1577.

Contrairement à ce qui est dit à la page 69, d'après plusieurs autorités, il ne paraît pas exact d'avancer que Charlotte ait été jetée dans un cloître après la mort de sa mère. Suivant de Thou et Pierre Bayle, Charlotte aurait été mise en religion du vivant et malgré l'opposition de Madame de Montpensier, qui avait songé à la marier avec le duc de Longueville et cru remarquer en elle de la

répugnance pour la vie monastique : « *Fremente matre* »,
dit de Thou (liv. XXVIII), « *quia Carlottam Longavillano*
« *duci uxorem destinaverat et jamdudum animadvertere*
« *sibi videbatur ægrè filiam in monasticam vitam consen-*
« *tire* ».

Quant à l'âge où Charlotte entra dans la vie monastique, je dois faire l'observation suivante :

Madame de Montpensier décéda le 28 août 1561 ; donc
il est déjà certain que Charlotte, née vers 1548, n'avait
pas encore quatorze ans, quand son père la força de prononcer ses vœux.

De Thou va bien plus loin (liv. LI). Suivant lui,
Charlotte aurait été mise à Jouarre, étant à peine âgée
d'un an : « *Vix annicula in Jovariense monasterium*
« *conjecta* ». L'expression : *annicula* (âgée d'un an) a
paru surprenante à Pierre Bayle, qui l'a relevée. Il est
donc probable que de Thou a employé cette expression
au figuré, pour marquer le très-jeune âge de Charlotte,
car on ne comprendrait pas que Madame de Montpensier
eût songé à marier une enfant d'un an ou eût remarqué
en elle de la répugnance pour l'état monastique.

Toute la conduite du duc de Montpensier à l'égard de
sa fille porte au plus haut degré le cachet de la contrainte.

IMPRIMERIE Vᵉ EDMON PRIGNET, RUE DE MONS, 11, A VALENCIENNES.

9 782019 969578